K.G. りぶれっと No. 57

公益事業の再構築

公益事業学会関西若手研究会［編］

関西学院大学出版会

目　次

第1章

なぜ公益事業の再構築が必要なのか

1.1　公益事業とは

公益事業は、私たちの日常生活と企業の生産活動に必要不可欠な財ならびにサービスを供給する事業である。公益事業には、水道事業、電気事業、ガス事業、鉄道、航空、海運などの運輸事業、郵便や通信、放送などの情報通信事業などが含まれる。これらの事業はインフラストラクチャー事業であるため、例えば、水道管や通信網など設備投資費用が非常に高いという特徴がある。当然、企業が公益事業から撤退する際には、高額の設備投資費用が回収できない、つまりサンクコストになることもある。このような設備投資費用が高額である産業、すなわち、高額の固定費用を要する産業は、生産量を増やすことで、生産量1単位あたりにかかる平均費用が逓減する、いわゆる費用逓減産業であることが知られている。これより、費用逓減産業においては、複数の企業が競争するよりも1企業のみが生産にかかわる方が費用効率的になり、その結果、独占状態となる。ただし、独占企業は、価格を吊り上げたり、供給量が過小になったりすることがある。

そこで、このように自然独占性の強い公益事業について、政府は料金が吊り上げられないよう価格規制などの規制を設けたうえで独占を認める政策を講じてきた。一方では、国や地方自治体が運営する公企業を設立し、公益事業サービスを提供してきた。例えば、1949年に日本国有鉄道を、1952年に日本電信電話公社を設立している。しかし、生産の非効率性が問題になる。また、1970年代には自然独占性の強い公益事業においても中古市場の整備などを通してサンクコストが発生しなくなり、その結果、競争が可能になったという、公益事業分野における規制緩和を支持するコンテスタビリティ理論が登場する。これらのことより1980年代に入ると、政府は公益事業の民営化を進める。例えば、1985年に日本電信電話公社を民営化し、日本電信電話株式会社を設立する。1987年には日本国有鉄道は旅客鉄道6社、貨物鉄道会社、情報処理会社、研究機関からなるJapan Railways（JR）グループに分割民営化される。また、政府は公益事業に関する規制緩和も進める。政府は1985年に通信分野の自由化を実施し、例えば、日本テレコムや電力系通信事業者などの通信事業の新規参入が進んだ。都市ガス事業については1995年から段階的に小売りの自由化を進め、2017年にはガス小売りは全面自由化された。電気事業については、1995年に参入に関する規制を緩和し、2000年から段階的に小売りの自由化を進め、2016年に全面自由化された。その結果、小売分野を中心に新規事業者が多数参入した。このように政府は、1980年代以降、民営化や規制緩和を通して、価格の低下やサービスの質の向上などを目的に公益事業における競争を促進させてきた。

1.2　公益事業における新たな諸問題

公益事業が抱えている新たな課題は主として4つある。日本の人口は2008年の1億2808万人から減少傾向にあり、今後も減少が続くことが見込まれている。人口減少のもと公益事業には、1つに需要の減少に関わる諸問題と労働力不足という課題が生起している。2つに、これまで整備してきた設備や施設などのインフラストラクチャーの老朽化の顕在化である。3つに、気候変動問題がある。日本政府は2050年までのカーボンニュートラルの実現という目標を設定しており、公益事業も電気事業、ガス事業および運輸事業を中心に温室効果ガス排出量の削減に取り組む必要がある。カーボンニュートラルとは、温室効果ガス総排出量を実質的にゼロにする、すなわち、温室効果ガスの排出量が吸収量・除去量と相殺される状態である。４つに、レジリエンスであり、災害などのリスクへの対応である。災害時の被害・損害を小さくするとともに、速やかにそれらを復旧することで事後的な被害・損害を小さくする。公益事業は日常生活に必要不可欠な財・サービスを提供する役割を担うことから、公益事業の災害対策は肝要である。レジリエンスとして水道事業は老朽化した水道施設の更新が必要である。電力においては、安定供給と停電の早期復旧が求められる。公共交通機関は、安全な運行を確保するため、災害時には一部の運転の見合わせや運休をせざるを得ないことがある。そこで、災害による大きな被害が予測される場合、事前にこれらをアナウンスし、災害時に運休するという「計画運休」の実施が推奨される。これにより、災害時の帰宅困難など混乱を回避できる。また、公共交通機関も設備の早期復旧が求められる。情報通信については、災害時における情報通信ネットワーク・サービスの確保、情報通信ネットワークの復旧がレジリエンスとして必要である。

これらに加えて、「不測の事態」に発端する問題がある。2020年のCOVID-19による感染症パンデミックと2022年のロシアによるウクライナ侵攻が「不測の事態」に相当する。COVID-19により、感染症対策として国内および国際間移動が制限されたこと、テレワークおよび教育機関における遠隔講義が推奨されたこと、などにより運輸事業における需要量が大きく減少するという問題が生じた。なお、COVID-19が収束段階にあるなかにおいても、一定量のテレワークが定着し、運輸事業における旅客輸送量は2020年以前の水準に戻っていない。この間の運輸事業における需要量の減少は国内外を問わない共通の問題であり、各国政府は経営の悪化した航空企業に融資支援や公租公課の減免・支払い猶予などの施策を講じている。もう１つの「不測の事態」である、ウクライナ侵攻に起因する問題は、燃料価格の高騰である。侵攻以前より石炭価格、石油価格、天然ガス価格はいずれも上昇傾向にあったが、侵攻後は石炭価格、石油価格、天然ガス価格のすべてがさらに高騰した。これら燃料価格高騰により、電気事業、ガス事業、運輸事業は、電気料金、ガス小売り価格、運賃などの価格を改定せざるを得ない厳しい局面におかれている。公益事業は、このように生産の非効率性とは異なる新たな問題を抱えるようになったこと、また政府は規制緩和を進めてきたが、必ずしもすべての公益事業がサンクコストが発生しない、すなわちコンテスタブルであるとは限らないことが明らかになってきたこと、から公益事業を再構築する必要が生じている。

公益事業は私たちの日常生活を支える欠くことのできない事業であるので、これらの新たな難題に取り組み、公益事業を持続可能なものにすることは必至である。本書は、公益事業に関する最新の諸問題について、いかに公益事業を再構築すべきかを、公益事業分野の従事者・専門家に限らない読者層に広く紹介することを目的とした出版物である。本書は８つの章で構成される。２章から６章は、特定の公益事業に焦点をあて、これらの新たな諸問題に関して、詳細に説明、整理、考察するとともに、どのように公益事業を再構築すべきかを示すものである。そして、７章と８章はこれら新しい課題に対しての公益事業の再構築について横断的に論じている。

最初に、２章では水道事業を取り上げる。水道事業には人口減少や節水に起因する、需要減少による収益減少の問題と人口減少による労働力不足問題、そして、水道施設の老朽化が進んでいるものの、収益減によりその更新を進めることができていない問題がある。つまり、水道事業の経営環境は悪化している。２章では、これらの問題について、特に、水道事業の構造の観点から論じ、その改革策を提案する。

つづく３章は、電気事業について取り上げる。電気事業では、1.1 節で述べたように、1995 年以降、規制緩和が進んでいる。また、気候変動問題や「不測の事態」に起因する燃料価格高騰の問題に新たに直面している。気候変動対策では、再生エネルギーの大量導入と対応する電力ネットワークの次世代化が必要である。併せて再生エネルギー導入を受けた電力の安定供給に向けては、蓄電池や電気自動車などの分散型リソースを活用した分散型電力システムの構築などの新たな取り組みも始まっている。３章は、まず、電力市場の自由化について概観し、評価する。そのうえで、自由化により生じた問題を整理、説明し、電力市場が機能するためには日本における電気事業をどのように再構築すれば良いのか考察している。

そして、4章から6章は運輸事業から、鉄道、航空・空港、内航海運について取り上げる。4章は鉄道事業について論じる。日本の鉄道事業は旅客輸送と貨物輸送からなる。前者の旅客輸送は世界のなかでもトップクラスの輸送量を誇っているが、後者の貨物輸送は貨物自動車（トラック）輸送と6章で展開される内航海運事業のシェアの高さもあって振るわない。2020年以前までの鉄道事業における問題は、輸送需要量減少による路線の廃線など地方鉄道における厳しい経営、鉄道の安全確保、災害などへの対応であるレジリエンスである。しかし、「不測の事態」である、2020年のCOVID-19による感染症パンデミック以後、旅客輸送需要量の大幅な減少により、地方鉄道の経営維持・存続問題はより深刻化する。さらに、それまでは経営が良好であった新幹線を中心とした都市間旅客輸送を担う旅客鉄道も、首都圏、関西圏、中京圏などの大都市圏旅客輸送を担う旅客鉄道も経営状態が悪化している。しかし、気候変動対策として、運輸部門における自家用車から公共交通機関への転換ならびに営業用貨物車から貨物鉄道への転換、いわゆる、「モーダルシフト」が推奨され、これによる鉄道輸送需要の増加は見込まれる。4章では鉄道事業に関連する最新の諸課題から、維持・存続問題および安全性に関する問題について概観する。5章は航空産業について論じる。航空事業においては、1986年から規制緩和が段階的に進められてきた。国土交通省（2022）によると、新規参入した低費用航空会社（Low Cost Carrier：LCC）のシェアは国内線は2011年の0.0％から2019年の10.6％に、国際線は2011年の3.2％から2019年の25.8％に増加している。また、2012年以降から2019年までは訪日外客数は単調増加であり、COVID-19による感染症パンデミックまでは航空需要は増加傾向にあった。しかし、COVID-19に起因する航空需要の激減による収益減という新たな問題に直面する。これに加えて、感染症収束後の需要が回復したうえでさらに追加的に航空需要が増加した際の人口減少および少子高齢化に起因する人材不足、気候変動対策としてCO_2排出量削減が課題となる。空港事業においても同様に、COVID-19による航空需要の激減による収益減、人材不足、気候変動対策としての空港におけるCO_2排出量削減の課題がある。さらに、レジリエンスに取り組む必要がある。5章は、これらの課題のなかから、気候変動対策に焦点をあて、航空産業におけるCO_2排出量削減の取り組みについて議論する。6章は内航海運事業について論じる。内航海運とは国内海上貨物輸送のことである。内航海運はトンキロベースではトラック輸送に次ぎ2位のシェアを占めていることから明らかなように、重要な貨物輸送手段である。しかしながら内航海運事業には、船舶の老朽化、船員の高齢化、事業者の大部分が中小零細企業であり経営維持が困難であることなどの問題が山積している。一方で、鉄道事業と同様に、気候変動対策の一環として、トラックから内航海運に転換させるモーダルシフトにより、内航貨物輸送量が増加する可能性がある。6章では、内航海運の現状を、それが抱えている問題について、再構築の方向性を展望する。

最後に7章と8章では、公益事業の再構築について横断的に論じる。特に、行政と民間企業が協同することで生産性を向上したり、費用を効率化したりするなどして公益事業を維持するという、官民連携（Public Private Partnership：PPP，以下、「PPP」という）から公益事業の再構築について考察する。7章では、公益事業が撤退した場合、PPPの手法の1つである官民・市民連携（Public Private People Partnership：PPPP）を用いていかに公益事業財・サービスの供給を維持しうるかについて、社会学の観点より考察する。8章はPPPの手法の1つであるプライベイト・ファイナンス・イニシアティブ（Private Finance Initiative：PFI）を中心に公益事業の再構築を議論する。

2章から8章の各章末には、当該分野を代表する研究者が当該分野の現状と展望を紹介するコラムを執筆し、各章の内容を補完している。さらに参考文献に加えて、関心をもたれた読者にお薦めする図書をまとめている。併せて、参考にしていただきたい。

公益事業の新たな課題を克服すること、再構築することは決して容易ではない。本書は、公益事業の喫緊の課題を周知し、公益事業への関心が高まること、公益事業の持続可能性について考える助けとなることを願い、執筆されたものである。参加研究者一同、さらなる研究を進めることで、日本における公益事業の持続性の向上、より質の高い公益事業サービスの供給に貢献したいと考えている。

参考文献

国土交通省（2022）『令和４年版　交通政策白書』勝美印刷株式会社、2022年８月31日。

第2章

水道事業の構造問題と改革策

2.1　はじめに

わが国の水道事業体は、おおむね国民皆水道を実現する（厚生労働省、2013）とともに、高度浄水処理の導入等により、水道水の量と質に係る問題を解決することで、社会経済環境の安定化および公衆衛生の確保に寄与してきた。わが国において水道水が必要不可欠なものとなっているなかで、近年では、激甚化する自然災害や高度化するテロ等の危機管理対策、さらにはCOVID-19等によるパンデミック等への備えも求められるなど、水道への要求は高度化、多様化してきている。そのようななか、水道事業体は、安全安心な水道水の安定供給に取り組んでいる。しかし、水道事業体は、安全安心な水道水の安定供給を脅かしかねない課題に直面している。そして、水道事業体が、国内のあらゆる地域で、現在の水道サービスの水準を維持することを前提とするならば、それらの課題解決に取り組まない場合には、将来にわたり安全な水の安定供給を維持していくことが困難になる可能性がある。

2.2　水道事業の構造問題

水道事業体は、現在の水道水の量と質を維持することを前提とするならば、現時点または将来、図2-1に示す原因により、安全安心な水道水の安定供給が困難になる可能性がある。具体的には、その安定供給の困難性は、3つの問題に原因があると考えられる。そして、これらの問題はどれも、水道事業を構成する重要な要素に関わるものである。また、これらの要素が相互に関連しあっている。そのため、これらの問題は、「水道事業の構造問題」といえる。

1つは、水需要（ひいてはカネ）に係る問題である。具体的には、「給水量の減少」である。給水量は、節水機器の普及および節水意識の高まり等により、1997年前後をピークに減少している（公益社団法人日本水道協会、2022)。また、給水人口が減少すること（厚生労働省、2020）に伴い、給水量の減少は一層、進むであろう。それにより、財政状況は一層、厳しくなるだろう。特に、地方部に位置する水道事業体では、この状況が深刻になるものと考えられる。地方部は、人口密度も低く、非効率な施設運営を行わざるを得ない場合が多い。その状況下で、さらに給水人口や人口密度が減少すれば、財政状況は深刻なものになるだろう。

2つ目は、モノに係る問題である。具体的には「水道施設の更新需要の

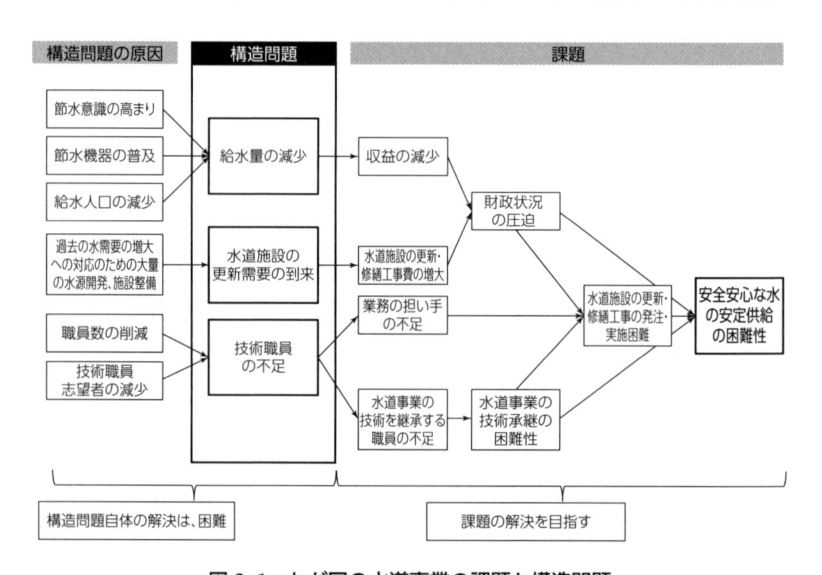

図 2-1　わが国の水道事業の課題と構造問題

（出典） 筆者作成。

到来」である。水道事業体は、水需要の増加に呼応する形で、大量の水源開発、施設整備を行ってきた。それらの水道施設の更新需要が一斉に到来する（厚生労働省、2016）。給水量の減少に拍車がかかるなかで、更新費用の増大が生じるため、財政状況はさらに厳しさを増すことになる。そのため、施設更新等の必要な投資が行えないことによる施設の老朽化が懸念される。

3つ目は、ヒトに係る問題である。具体的には、「技術職員の不足」である。地方公共団体等では、国の指導等もあり、2000年代に組織合理化のために職員削減を実施してきた（大森、2012）。この影響もあり、水道事業体においても相当数の職員が削減されてきた（厚生労働省、2013）。また、近年では、国と地方公共団体において、技術職を中心に志望者が少なくなっている（池永、2020；人事院、2021；白井、2018）[1]。それにより、小規模の地方公共団体を中心に技術職員の不足が生じている（厚生労働省、2015）。そして、それに伴い、水道施設の維持管理および更新の実施が困難な状況になりつつある。また、退職する職員から技術を受け継ぐ人材が不足するために技術継承も困難になっている。

このように、水道事業体は、現在、上記の構造問題に直面している。ただし、この問題自体を克服することは困難であろう。そのため、水道事業体としては、これからもその問題に直面するものと認識したうえで、図2-1に記載した構造問題から生じる課題を解決していくことが求められる。

2.3　水道事業における改革策

水道事業体としては、構造問題によって生じる課題に対して図2-2に示

1　地方公共団体としても、技術職員を確保するために採用制度等の見直しを実施してきた。例えば、京都府は総合土木の受験可能年齢を35歳から40歳に引き上げ、門戸を広げている。さらには、鹿児島県では技術職の魅力を発信するPR動画を作成し、技術系職員が1対1で学生たちの相談に応じる制度も新設している（時事ドットコム、2022）。

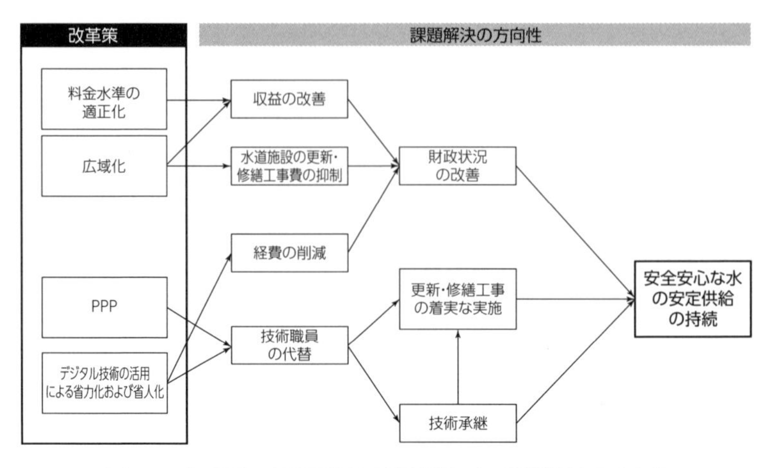

図 2-2　わが国の水道事業体の改革策による課題解決の方向性

（出典）筆者作成。

す改革策を講じていく必要があると考えられる。具体的には、4つの改革策に取り組む必要がある。

1つ目は、「料金水準の適正化」である。水道事業体は、給水量の減少により、収益の減少に直面している。そこで、水道事業体としては、持続的な経営に必要な収益を確保するために料金水準を適正に設定する必要がある（厚生労働省、2016)。ただし、料金水準の適正化は、一般的には改革策といえる性格の施策ではないだろう。なぜなら、独立採算制の原則の下で持続的な経営を目指す地方公営企業としては、適正な料金水準を設定するのは当然といえるためである。しかし、給水原価が供給単価を上回っている水道事業体が、水道事業体の約3分の1もある（厚生労働省、2020)。この事実を踏まえると、水道事業体にとって、料金水準の適正化が難易度の高い施策であるとも考えられる。そのため、本章では料金水準の適正化も改革策と位置づけることとした。

2つ目は、「広域化」[2]である。この広域化により、いくつかの効果が上が

2　ここでいう広域化とは、「給水サービスの高度化やライフラインとしての社会的責務を果たすために必要な財政基盤及び技術基盤の強化を目的として、複数の水道

ることが期待されている。例えば、規模の経済の発揮、複数の水道事業体間で共通する業務の共同化、ならびに広域的な視点からの施設の統合および供給経路の再構築[3]による経費および更新費用の削減である。また、供給安定性の向上[4]もある。さらには、職員のプロパー化による効果も期待できる（株式会社日本政策投資銀行地域企画部、2017）。普通地方公共団体が経営する水道事業体の職員は、平均的に3年程度で人事異動する（厚生労働省、2020）ため、水道事業体に配属される時期は極めて短く、水道事業全体に精通した人材を育成することができない。そのため、中長期的な視点での経営を行うことも困難となる。しかし、一部事務組合等の設置により、職員のプロパー化ができることで、長期的に人材育成ができるとともに、中長期的な視点での経営を行うことも可能となることも期待できる[5]。

以上の効果が、広域化から得られる可能性がある。ただし、中核となる水道事業体が存在せずに小規模の水道事業体ばかりが集まって事業統合を実施しても、長期的には給水量の減少に伴う給水収益の減少を解決することが困難である。そのため、事業統合する水道事業体の対象を考慮する必要がある。

3つ目は、「PPP」である。具体的には、水道法（昭和32年法律第177号）第24条の3に基づく第三者委託、DBO（Design Build Operate）、PFIおよびコンセッション方式のPPPがある（厚生労働省、2019）。こうした民間企業の専門的なノウハウおよび人材を活用することで、技術職員の不足を補うことにもつながる。ただし、このPPPにもデメリットがある。例えば、委託した業務に関する技術ノウハウが水道事業者ら側には蓄積され

事業が事業統合を行うこと、または、その目的のために複数事業の管理の全部または一部を一体的に行うこと」（厚生労働省、2003）である。

3　最適な供給経路の再構築は、地理的な困難性を伴うものの、再構築することができれば、経費の削減を実現できる。

4　広域化した水道事業体は、複数の施設を持つため、ある施設の供給が困難となったとしても、その他の施設を利用して、安定的な供給が可能となる。

5　岩手中部水道企業団では、用水供給事業体と複数の末端給水事業体が垂直統合したことで、職員のプロパー化が進み、中長期的な観点からの経営が可能になることが期待されている（株式会社日本政策投資銀行地域企画部、2017）。

ないなどである（厚生労働省、2019）。このように、PPPにはデメリットもあるものの、技術者不足や財政状況の悪化といった課題の解決に寄与できるであろう[6]。

4つ目は、「デジタル技術の活用による省人化および省力化」である。例えば、広域運転管理システムの導入による運転管理業務の省人化[7]やAIによる衛星画像解析技術を利用した漏水リスク評価システムの導入に伴う業務の省力化等もある。こうした技術の利用により、省人化および省力化を行うことで、職員不足の解決に一定貢献できるであろう。また、経費の削減にも寄与するだろう。

水道事業体としては、上記の改革策を実行することで、構造問題から生じる水道事業の課題の解決に貢献できる[8]だろう。ただし、上記の改革策については、その実行の必要性を認識したとしても、実行できるとは限らない[9]。ではどのようにすればその改革策を実行できるのだろうか。

2.4　改革策の実行

まず料金の適正化を実行できない主な原因は、水道事業体における切迫感の希薄さである。特に、普通地方公共団体の水道事業体においてこの可能性がある。その主な理由としては、プロパー職員が少ないことである。普通地方公共団体の水道事業体では、短期間で水道事業体以外の部署に人

6　民間企業の供給能力にも限界があるため、水道事業体がPPPを実施したいとしても実施できない可能性もあることも認識しておく必要がある。

7　広域運転管理システムとは、どの施設からも、すべての水道施設の運転状況の監視や操作が可能となるシステム（広島県、2022）のことである。

8　そのほか、更新費用の増大については、アセットマネジメントの実施により、更新需要の平準化をしていくことも必要である。また、技術継承については、独自の実践方法の標準化やスキルマップの作成といった施策を実行することも必要である。

9　実際、給水原価が供給単価を上回っている水道事業体が少なからず存在する（厚生労働省、2020）。また、広域化およびPPPについてもそれほど進捗していない（株式会社日本政策投資銀行地域企画部、2017）。さらには、デジタル技術の活用が進んでいない水道事業体も見受けられる。

事異動となるため、水道事業全体に精通した人材を育成することが困難である。水道事業全体に精通していない人材は、水道事業の課題に対する認識が不足する（厚生労働省、2016）。そこで、普通地方公共団体の水道事業体において水道事業のプロパー職員を増加させることが必要である[10]。

上記に加えて、料金の適正化を実行できない理由としては、料金の適正化に対して水道利用者からの理解が得られない場合も想定できる。多くの水道利用者は、水道料金の値上げに対して否定的である（EY新日本有限責任監査法人・水の安全保障戦略機構事務局、2018）[11]。そのため、水道利用者からの反対を受け、料金値上げに踏み切れないこともあるだろう。このような場合、水道利用者の料金水準の適正化に対する容認度を高めるために、水道利用者に対するコミュニケーションの方法が重要である（伊藤・堀、2021）[12]。したがって、水道事業体は、水道利用者に対するコミュニケーションの方法についても配慮し、料金水準の適正化を実行する必要がある。

次に、広域化が進まない理由としては、切迫感の希薄さに加えて、各市町村が自身の利益を追求する傾向にあるということも考えられる。この傾向にある理由は、3つある。1つは、市町村営原則である。この市町村営原則により、国民皆水道という効果が得られたかもしれない。しかし、給水人口の減少等の将来の状況を踏まえると、市町村営原則には負の側面も

10　水道事業体だけでなく、地方公共団体も職員数が減少している（人事院、2021）。また、給水人口の減少に直面している水道事業は、成長産業とは言い難いため、求職者にとって魅力的な産業とは考えづらい。そのため、水道事業体において、プロパー職員を増やすことは困難である可能性はある。

11　水道料金に対する市民の意識調査では、回答者の64%が値上げに対して否定的な反応を示していた（EY新日本有限責任監査法人・水の安全保障戦略機構事務局、2018）。

12　伊藤・堀（2021）では、市民に対して、水道料金の低さおよび適切さを丁寧に伝えることによって、「現在の料金レベルに対する評価」を改善することが、「料金値上げ容認度」増大のために最も重要であることを明らかにしている。それに加えて、料金収入の現状や将来経営、あるいは老朽施設の更新などに関する厳しい状況を知らせることによって、「料金値上げは必要なのでどうかわかってください」と説得しようとしても市民の理解は得られにくいことを示唆する研究結果も示している。

ある。具体的には、この市町村営原則により、各市町村は、市町村の枠組みにとらわれて、複数の市町村を含む地域全体の利益というよりもむしろ、市町村ごとの利益を追求してしまう傾向にあるということである。2つ目は、各市町村の特性が異なることである。具体的には、各市町村で、料金水準、施設整備水準、財政状況、職員の処遇、そして組織文化等に違いがある。それらの違いにより、各市町村の広域化の理想像が異なることになる。そのため、広域化の検討に際して、組織間で理解や思惑の衝突が起きることがある(厚生労働省、2016)。3つ目は、リーダー組織の不在である。上記の状況に直面したとしても、地域のリーダー組織がその市町村間の利益を調整できれば、広域化は進むだろう。しかし、そのリーダー組織が地域にいない可能性がある。

以上の理由から、広域化が進まないと考えられる。ただし、複数の市町村が集まってゼロから広域化をするのは困難である。そこで、現時点で広域的な視点から事業運営に取り組んでいる水道事業体を利用して、その事業を垂直または水平的に広域化することが有効である。ではどのような水道事業体を利用することが有効であるか。

広域化を進めていく中心的な存在としては、都道府県が考えられる。国は、都道府県のリーダーシップの下で広域化を推進することを求めている(橋本、2023)。しかし、都道府県のなかには、現在、水道事業自体を担っていないため、水道事業に係る人材もノウハウもない都道府県が存在する。そのため、都道府県のリーダーシップによる広域化は、実施が困難な場合もある。そこで、既存の一部事務組合を利用して水道事業を垂直または水平的に広域化していくことが有効である[13]と考えられる。その理由としては、2つある。1つは、すでにある一部事務組合は、広域的な視点からの水道事業を行っており、地域を広域的な視点から見渡す能力に長けているためである。もう1つは、すでにある一部事務組合は、複数の構成団体との調整を行うなかで市町村との調整力を養っているので、市町村間の調整

13　既存の一部事務組合を利用して垂直統合し、広域化した事例としては、岩手中部水道企業団がある。

力が高い可能性があるためである。そこで、既存の一部事務組合を利用して、広域的な視点から市町村の枠組みにとらわれずに垂直または水平的な広域化を進めていくことが有効である。ただし、都道府県においても広域化を検討している（厚生労働省、2016）ため、一部事務組合が広域化を進めていく際には、都道府県とも協力する必要がある。

PPPとデジタル技術の活用が実行されない主な理由としては、経営資源の不足がある。小規模水道事業体では、職員が複数の業務を兼務している（厚生労働省、2013）ため、改革策を検討する時間がない可能性がある。さらには、料金の適正化ができていない水道事業体では、財源も不足していることで、デジタル技術の活用を実行できないこともある。そこで、ヒト、モノ、カネおよび情報といった経営資源の不足により、改革策を実行できない水道事業体に関しては、国としても、支援策[14]を用意している。ただし、職員不足の水道事業体では、国の支援策に係る情報にアクセスする時間すらないため、国の支援策に係る情報を知らず利用できていないこともあるだろう。そこで、国は、まずは水道事業体がその情報の存在に気づいてすらいない場合もあることを認識する必要がある。そのうえで、国は、水道事業体に支援策を利用してもらうにはどうすればよいかについて検討してみてはどうだろうか。

以上の施策に取り組んでいくことで、現時点では改革策を実行できていない水道事業体においても、改革策を実行してもらいたい。それに加えて、首長や水道事業管理者のリーダーシップの発揮も必要である。組織には変化が必要であると認識しても、変化そのものに抵抗する人はいる。そのため、首長や水道事業管理者がリーダーシップを発揮することが有効であると考えられる。そこで、首長や水道事業管理者のリーダーシップも発揮しつつ、上記の改革策を実行することで、わが国の水道事業体が、構造問題

14　例えば、国では、財務的資源の支援として、水道施設整備費補助金等の補助金制度および繰出金制度の拡充等を行ってきた。また、人的資源の支援として、専門家派遣事業等を行ってきた。さらには、情報的資源の支援として、先進事例集および手引き等の作成等も行ってきた。

に起因する課題を解決していくことで、これからも安全安心な水道水の安定供給を維持することができることを期待したい。そのうえで、災害対策や環境負荷軽減対策にも取り組みつつ、さらなる将来の社会変化にも対応できる強靭な水道事業の運営体制を構築していく必要がある。

最後に、水道事業体がやるべき改革策は明確であるにもかかわらず、その改革策が実行できない水道事業体が少なからずあるという現実がある。そこで、批判的な意見を受けることを承知のうえで極論を述べるとすれば、地方部に多数の小規模の民間企業が存在し、各々が事業を行い、不採算となっていたことから一旦国営化したかつての鉄道事業のように、水道事業体も一時的に国営化し、「わが国全体一水道」とすることで、ユニバーサルサービスを確保するといったことについても検討する余地があるのかもしれない。

参考文献

池永紳也（2020）「技術職員を取り巻く環境と課題――自治体事例　北九州市」『都市自治体における専門人材の確保・育成――土木・建築、都市計画、情報』公益財団法人日本都市センター、79-103頁、https://toshi.or.jp/publication/15431/（2023年2月27日閲覧）。

伊藤禎彦・堀さやか（2021）「水道料金値上げに対する市民の容認度増大に係る要因分析」『土木学会論文集』第77巻第4号、132-143頁。

大森彌（2012）「地方行革――これまでとこれから」『ガバナンス』第134巻（6月号）、14-17頁。

公益社団法人日本水道協会（2022）『水道のあらまし第7版』。

厚生労働省（2003）「第3回水道ビジョン検討会　資料3　これからの広域化について（多様な形態による広域化）」、https://www.mhlw.go.jp/topics/bukyoku/kenkou/suido/three1.html（2023年2月27日閲覧）。

厚生労働省（2013）「新水道ビジョン」、https://www.mhlw.go.jp/stf/houdou/2r9852000002yndb-att/2r9852000002yngq.pdf（2023年2月27日閲覧）。

厚生労働省（2015）「水道事業の基盤強化に関する現状と課題、取組について」、https://www.mhlw.go.jp/file/05-Shingikai-10901000-Kenkoukyoku-Soumuka/0000114576.pdf（2023年2月27日閲覧）。

厚生労働省（2016）「水道事業の維持・向上に関する専門委員会について（平成28年度水道技術管理者研修　平成28年11月2日（水））」、https://www.mhlw.go.jp/file/06-Seisakujouhou-10900000-Kenkoukyoku/0000067513_2.pdf（2023年2月

27日閲覧）。
厚生労働省（2019）「水道事業における官民連携に関する手引き（改訂版）」、https://www.mhlw.go.jp/stf/seisakunitsuite/bunya/0000087512_00004.html（2023年2月27日閲覧）。
厚生労働省（2020）「第22回　国と地方のシステムWG　水道分野における取組について　令和2年3月24日」、https://www5.cao.go.jp/keizai-shimon/kaigi/special/reform/wg6/20200324/pdf/shiryou3-1-2.pdf（2023年2月27日閲覧）。
時事ドットコム（2022）「公務員試験、32道府県で応募者減　技術職確保にあの手この手――時事通信調査」、https://www.jiji.com/jc/article?k=2022061700832&g=pol（2023年2月27日閲覧）。
白井秀人（2018）「土木系技術職員の人材確保に関する一考察」、https:// www.pref.shiga.lg.jp/file/attachment/1014044.pdf（2023年2月27日閲覧）。
人事院（2021）「公務員白書　令和3年度年次報告書」、https://www.jinji.go.jp/hakusho/pdf/index.html（2023年2月27日閲覧）。
EY新日本有限責任監査法人・水の安全保障戦略機構事務局（2018）「人口減少時代の水道料金はどうなるのか？（改定版）」、https://assets.ey.com/content/dam/ey-sites/ey-com/ja_jp/news/2018/03/pdf/ey-japan-press-release-2019-03-14-02.pdf（2023年2月27日閲覧）。
株式会社日本政策投資銀行地域企画部（2017）「水道事業の将来予測と経営改革」、https://www.dbj.jp/topics/region/industry/files/0000026827_file2.pdf（2022年12月8日閲覧）。
橋本勝二（2023）「『巻頭言』今後の水道事業の施策」『水道協会雑誌』第92巻第2号、1頁。
広島県（2022）「上下水道DXの推進に向けた取組について」、https://www.pref.hiroshima.lg.jp/uploaded/attachment/468599.pdf（2022年12月8日閲覧）。

コラム

独立採算制と世代間負担の公平性

水道事業（計画給水人口5,000人以上）は水道法により市町村経営が原則とされている。そのため、多くの市町村では水道局（課）、上下水道局、企業局という名称の担当所管にて経営が行われている。しかし、住民からみれば“役所”に変わりはなく、依然として“水道は税金で維持されている”と誤解されることが多い。まして、水道の経営が独立採算制を原則としていることなど、住民の理解は望むべくもない。結果的に、低廉な水道料金に対する社会的要請は尽きることがなく、本来老朽化した施設の更新投資に必要な財源は料金で徴収しなければならないが、低料金を維持するばかりに更新は先送りされ、将来世代にそのツケが押し付けられている。もちろん、水道は国民生活にとって最重要な社会資本であるため国費を投入して維持すべきとの考え方もあるだろう。しかし、水道のための目的税を創設するならば料金負担と大差はなく、公債発行に依存するならばそれは将来世代へのツケの先送り以外の何ものでもない。世代間負担の公平性とは何か？ 今一度、水道事業の果たしてきた役割とその経営原則を振り返り、人口が急激に減少する将来の社会環境の変化のなかで、持続可能な水道を実現するための私たちそれぞれの果たすべき役割を考えてみる必要がある。

《文献ガイド》

1. **熊谷和哉（2013）『水道事業の現在位置と将来』水道産業新聞社。**

   元厚労省水道課長による次世代水道のあるべき姿。水道事業に興味を持った方の必読本。

2. **石井晴夫・宮崎正信・一柳善郎・山村尊房（2015）『水道事業経営の基本』白桃書房。**

   水道の持続可能性について経営の側面から詳述した、水道経営の基本が理解できる良書。

第3章

エネルギー危機下の電気事業と再構築の行方

3.1 はじめに

電力は特殊な財であると考えられている。まず、ほぼすべての人や企業が常に消費するという必需財である。大量に貯蔵することが困難であり、発電即消費という特性がある。電力を流通させる送配電網は全国に張り巡らされており、その電力系統により、大規模な発電設備とすべての需要家が接続されている。こうした設備（群）を形成するには、長期にわたる時間が必要である。

電力という財を扱う電気事業は生産（発電）、流通（送配電）、供給が一体的に行われる方が効率がよいとされ、日本でも、戦後垂直一貫体制の9電力会社による地域独占供給が行われていた。

しかし、オイルショックを経て電気料金の内外価格差が問題になったことなどから、行財政改革のなかで、インフラを担う公営企業の分割民営化とともに、電気事業の自由化も推進されることとなる。

1995年以降発電分野から小売分野への新規参入が順次認められる「電気事業改革」が実施された。自由化にあたっては、競争による市場原理の導入と、安定供給の確保や環境への適合といった公益的課題への対応を両立させることとされた。

一連の改革は、発電分野での新規参入を認める「卸電力市場の自由化」に始まり、大口需要家向け供給への参入を認める「小売市場の部分自由化」

が段階的に進められた。両市場の自由化にあたって、卸電力を取引する取引所の設置や、自由化の対象外である送配電分野において基本的なルールの策定や紛争処理を行う中立機関を設立するなど、現在の制度の基礎となる仕組みが形作られた。

電気事業改革が実行された2010年前後までの間、日本の電気料金はほぼ継続的に低下し、改革は一定の成果を挙げたと考えられていた。

3.2 電力システム改革の実施

2011年3月の東日本大震災、およびそれに起因する福島第一原子力発電所事故の発生により、主に太平洋岸の火力・原子力発電所が停止し、東京電力管内では計画停電が実施された。その後全国の原子力発電所も停止することになり、安定供給への懸念が全国に広まるとともに、卸電力市場の価格は上昇、火力発電所稼働率の上昇によりCO_2排出量は増加した。電気事業改革の目的が達成できない状況となり、ここで電力自由化は大きな転換点を迎えることになる。

そこで政府は、改めて電気事業制度を見直す「電力システム改革」を以下の3つの柱で推進することとした。

①広域的な送電線運用の拡大：計画停電時も西日本では電力需給はひっ迫していなかったことから、災害時にも安定供給を実現するために、地域間の電力融通を行うなど全国的な需給調整の機能を強化することとした。

②小売の全面自由化：市場原理の導入促進に関して、規制下にあった家庭用を中心とする低圧需要に対する市場の自由化を行うこととした。

③法的分離による送配電部門の中立性の一層の確保：市場競争の公平性・中立性を担保するために、一般電気事業者の送配電部門を別会社化することとした。

電力システム改革は3段階で進み、まず2015年に電力広域的運営推進機関（OCCTO）が設立され、中長期の全国的な電力供給計画をとりまとめるとともに、電力需給の地域間調整機能を有することとなった。

第2段階として、2016年にシステム改革の目玉である小売市場の全面自由化が実行され、家庭を含めたすべての需要家が小売事業者を選択できるようになった。全面自由化された電力市場には、通信事業者や鉄道事業者といった、BtoC事業を本業とし顧客基盤を有する事業者を中心に数多くの新規参入者が現れた。

2020年には第3段階として、電力会社の送配電部門が「送配電事業者」として別会社化された。発電事業と小売事業も機能別にライセンス化され、大手電力会社と、「発電事業者」および新電力といわれる「小売電気事業者」がそれぞれライセンスを持って競争することとなった。送配電事業者は発電事業や小売事業を行う事業持株会社もしくは純粋持株会社の元で資本関係を維持することは認められている。

「電力システム改革」の目的は、安定供給を確保すること、電気料金を最大限抑制すること、需要家の選択肢や事業者の事業機会を拡大することであり、震災以前の電気事業改革と大きな変化はない。しかし、そのために実行された手段は、これまで大手電力会社が非対称的に担っていた領域も含めて、電気事業全般により市場原理導入、競争促進の方向へと舵を切ったのであるといえよう。

3.3　電力システム改革の顛末

東日本大震災以降上昇していた卸電力取引所における一日前市場の価格は、2010年代半ば以降、世界的な燃料価格の低迷に下押しされ、下落傾向が続いた。安い市場価格に背中を押されて、全面自由化された小売市場には多くの新規参入者が現れ、新電力事業者は700社を超えるまでになった。そのうちの多くは自ら発電設備を持たず、電力を主に取引所から調達してシェアを伸ばす事業者も少なくなかった。

一方で、発電事業者の収益は低迷した。発電設備の保有シェアが高い大手電力会社は、市場活性化のための自主的取組として、取引所に限界費用での入札を行うことを宣言し、市場支配力抑止の観点からその行動はモニタリングされている。

限界費用での入札の下で市場価格が決まるということは、決定された価格で入札した発電所では、価格＝限界費用となるため、固定費が回収できなくなる。また、限界費用が市場価格を下回る発電所であっても、膨大な建設費の減価償却分を賄うほど両者の差分が大きくない場合は、平均費用ベースでは赤字になりかねない。

発電事業者と小売事業者間の電力取引は大半が相対契約によるものであるが、取引条件は低迷する市場価格に左右されるため、相対契約においても固定費を十分に回収できる価格で発電可能な量を捌ききる契約を結ぶことが困難になる。

その結果、大手電力会社の発電部門を含む発電事業者にとって最適な行動は、老朽化して限界費用の高い発電所を閉鎖し、新規の発電所建設を行わないことになってしまった。国土が狭隘で建設適地が少ない日本において大規模な発電所を新設するには、計画から運転開始まで10年以上もの長期間を要することが多い。そのため、失われた供給力は一朝一夕には回復しないことになる。

さらに状況を複雑にした要因が再生可能エネルギーの普及・拡大政策である。再エネ電源は火力発電所のように化石燃料を必要とせず、発電時にCO_2を排出しないため、エネルギー自給率の向上や地球温暖化対策に有効である。一方で、総じてエネルギー密度が低く、発電電力量あたりのコストが高かったため、2012年に高価格での買い取りを保証する固定価格買取制度（FIT）を導入し、市場原理の外でサポートしつつ普及を拡大することになった。

FIT導入により、狭い場所でも短期間に建設できる太陽光発電所を中心に再エネ発電は急速に拡大した。太陽光や風力は気象条件次第で発電量が変わる変動電源であるため、発電しない時には主に火力電源でバック

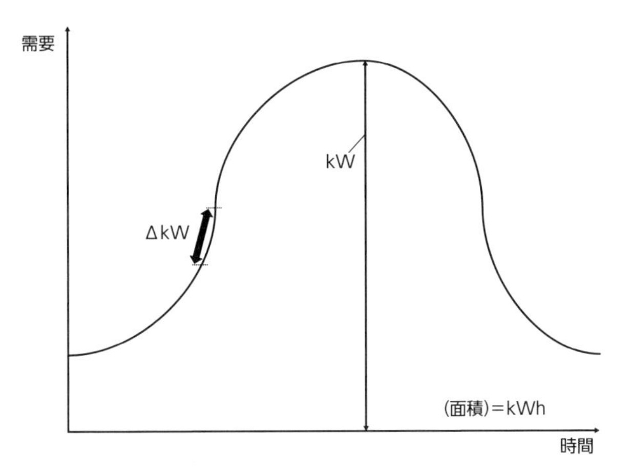

図 3-1　需要カーブと電気の「価値」（イメージ）

（注）　kW 価値は需要カーブの高さに応じて電力を供給できる能力、Δ kW 価値は一定の時間以内に生じる需要の変分に応じて供給力を増減させられる能力、kWh 価値は需要カーブの積分値に当たる電力を供給できる能力の有する価値をいう。

（出典）筆者作成。

アップする必要がある。バックアップ電源は稼働率が低下するため、より固定費が回収しにくくなってしまう。

発電設備は、電気という財の特性から、電力系統安定化の観点でいくつかの機能を有する（図 3-1）。自由化された電力市場においては、それらの機能が提供する価値が別々の場で取引されることも多い。

電力を安定的に供給するには、どの時間でも消費量を上回る供給力が必要であり、一定の供給余力（予備力）も合わせた発電設備容量（kW）が「ある」ことが価値となる。これを「kW 価値」とよんでいる。

周波数を維持するために、電力の需給は常に一致するよう調整することが求められ、さまざまなスピードで起動・停止および出力変動が可能な発電設備が必要となる。そうした短時間での調整力の持つ価値を「Δ kW 価値」とよぶ。需要側のコントロール（Demand Response＝DR）もこの価値を有するとされる。

発電設備が提供する価値のうち最も代表的なものが、使用する電力の価値である「kWh 価値」である。電気料金は、ほとんどの場合メーターで測った使用量（kWh）に応じて決定される。火力発電の場合は、その発電する kWh に応じた化石燃料確保が必須である。kWh 価値は、kW や Δ kW のような瞬時もしくは短時間で提供が必要な価値でなく、時間を通じた需要量の積分値である電力量の価値になる。

電力系統の安定化に必要な電気の価値以外に電力の有する価値として「環境価値（非化石価値）」が挙げられる。地球温暖化防止の観点から、水力、原子力、再エネ発電等発電時に CO_2 を排出しない発電所由来の電気に付加価値があると見なす考え方である。

例えば、火力発電は、kW 価値、kWh 価値を有し、Δ kW 価値も有していることが多い。太陽光発電であれば、kWh 価値と環境価値を有するが、kW 価値は限定的、Δ kW 価値については有しないと考える。

東日本大震災以降、巨大な kW 価値を有する原子力発電所の稼働が激減し、電力システム改革後の帰結として、kW 価値、Δ kW 価値を有する火力発電所が多数閉鎖されることになったのである。

そうしたなか、2020 年の秋頃から世界的に天然ガスの需給がひっ迫して、ガスの需要期である冬季に玉不足から発電量（kWh）に制約が生じ、電力取引所のスポット市場への投入量が減少した。市場価格は急騰、前年度平均価格が 8 円 /kWh 程度だったものが、1 月には一時 200 円 /kWh を超えるなど、史上最高値を記録した。需要が前日計画より増加した分や高騰する市場で買えなかった場合の供給力不足分は「インバランス」として送配電事業者から補給されるが、事後的に決定されるインバランス価格はさらに高騰した。その後一旦落ち着いたものの、2021 年度後半に再び上昇、高値で推移した。低廉な市場からの調達を前提とした新電力各社の経営は窮地に陥り、市場から撤退する事業者も相次いだ（図 3-2）。

2022 年度当初には、東日本で冬季に予備力がマイナスになるリスクがあるとされた。再び計画停電が必要になりかねないという前代未聞の想定である。このような状況下で、2022 年度冬季は一日前市場の価格高騰が予測されていたうえに、相対も含めた卸取引量が少なく、取引されても小

図3-2　一日前市場の月平均価格推移（2005.4-2023.3）

（注）　卸取引所開設時からのシステムプライス（全国価格：理論値）の月平均価格推移。燃料（主にLNG）価格に連動しつつ、電源 の状況により変動している。

（出典）　日本卸電力取引所HP「取引概要」より筆者作成。

売価格の相場を上回る高値となっていた。

先述のように、電力システム改革は「安定供給を確保する」「電気料金を最大限抑制する」「需要家の選択肢や事業者の事業機会を拡大する」の3点を主目的に実施されたが、需給ひっ迫により節電要請を実施し、卸売市場の価格高騰を反映して事業者が次々と値上げし、事業継続が困難になった事業者の相次ぐ撤退や契約受付停止で「電力難民」が発生するほどの供給者不足と、改革の目的が1つも果たされていない状況に陥ってしまったのである。

結局、予想に反して厳冬にはならなかったこと、国際的な燃料価格が落ち着いたことなどにより、卸電力市場価格は高騰せず、2023年度の卸取引価格も急落している。大手電力会社や新電力の一部が新規受付を再開したこともあり、「電力難民」の数は徐々に減少している。

電気事業に比べると、天然ガスの卸市場が整備されなかったことなどにより、ほぼLNGに直接アクセスできるガス会社と電力会社の大手間競争のみが発生していた都市ガス市場でも似たような事象が発生した。自由化後も、漸進的かつある程度秩序だった改革が進んできたが、ロシアのウクライナ侵攻を受けて、アジアと欧州のLNG争奪戦が進展、東アジア地域のスポット輸入価格は、2年前の夏季から10倍にも高騰した。電力同様需給ひっ迫発生の懸念に対応するため、政府は節ガス要請を可能とする改正ガス事業法を成立させた。

日本は、化石燃料のほとんどを輸入に頼る少資源国である。サハリンⅡを巡る一連の対応をみても理解できるように、国際情勢の動向次第では、都市ガスや電力のkWhを需要に見合った分だけ供給するのが困難になるのである。

3.4 自由化された電力市場が機能するために必要なものは何か

世界的に電力自由化が進展するなかで、2000年前後に発生したカリフォルニア電力危機は大きなトピックであった。電力危機の要因については、一時的な渇水や寒波といった気象要因、小売事業者が電源保有や相対調達ができないという制度の問題、不当な利益を稼得しようとした発電事業者・トレーダーの存在等が挙げられているが、根本的な構造問題は供給力不足である。当時カリフォルニアでは継続的に需要が伸びていたにもかかわらず、10年以上新規電源が建設されなかった。

ある時間帯の電気は、別時間帯の電気と代替性がないため、その時間の需給バランスで電力価格が決まる。ある時間帯の電気に不足が生じるとその点で供給曲線は垂直になり、結果（それを予想した需要側の高値入札を誘引して）市場価格は極端な高値となってしまう。市場メカニズムが適切に機能していない状況といえる。

ポール・クルーグマンも、カリフォルニア電力危機の直後、NYタイムズのコラムで、「電力市場では、十分な発電容量がなければ、（市場操作を通じて）競争が有効に働かなくなる」とコメントしている（Krugman,

2000)。

こうした状況を回避するためには、地域ごとの需要に対して、発電設備の提供する価値が十分な余力を持って存在する必要がある。つまり、需要に見合う設備（kW）と、変動する需要に供給力を追随させられる調整力（ΔkW)、需要分の電気を発電できること（kWh)、火力発電でいうと燃料を確保することに加えて、地域の需要を満たすように電気を送れる十分な送電容量が必要ということである。これらすべてが満たされた状態をadequacy（十分性）のある状態という。

adequacy には、需要が急増した場合や発電設備が故障した場合でも停電しないように保持される予備力や、送電線事故の際に停電が発生しないよう送配電網を多重化して余力を保つという、redundancy（冗長性）の概念も含まれる。

カリフォルニア電力危機等を受け、電力自由化を実施した諸国・地域では、adequacy に注目した制度設計がなされてきた。中長期にわたる kW 価値を確保するため、英国や米北東部の PJM ISO では、kW 価値を購入する容量市場を創設し、小売事業者に数年先の kW 価値確保を義務づけた。その落札金額を発電事業者が受け取ることで、発電設備の新規投資や償却・維持管理の原資にする仕組みである（電力中央研究所 社会経済研究所、2021)。

ΔkW 価値の確保に関しては、PJM のように系統運用者がすべての電源運用に責任を持つパワープール制度を導入する国・地域もあるが、英独仏等では、出力増減に要する応動時間やその持続時間に応じた数種類の調整能力を、系統運用者が入札で調達する需給調整市場が形成されている(電力広域的運営推進機関、2018)。

自由化前の垂直統合であった電気事業者は、adequacy を備えた電力系統を最小費用で形成するために、大規模発電所の立地決定、需要の分布想定、送配電網の設計を一体的に行ってきた。自由化後も、電気の流通を担う送配電網は基本的に規制下で独占事業者が運営する。自由化による発電事業者の多様化、再エネを中心とした分散型電源の増加により送配電網の構造は複雑化しており、事業者間の公平性を保つためにも、系統全体の設計をコントロールするための組織設計、ルール整備が必須となっている。

kWh価値を取引する一日前市場だけでは、中長期に系統全体のadequacyを維持し、市場機能を十全に発揮させるには不十分であり、複数の価値に応じた市場等の仕組み構築が不可欠であるといえる。

3.5 今後、日本の電気事業制度をどう再構築すべきか

日本では、自由化後incumbentである旧一般電気事業者がadequacy確保を暗黙的に担っていたが、電力の持つさまざまな価値を市場原理に基づく複数の制度で評価し、市場参加者すべてがadequacy確保に対してインセンティブを持てるような制度設計が図られている。

① kW価値　⇒ 容量市場(2020年から2024年度分について取引開始)
② ΔkW価値　⇒ 調整力市場（一部取引開始済）
③ kWh価値　⇒ 日本卸電力取引所（JEPX：2005年設置）

すでに、容量市場、需給調整市場の一部取引が2020年から開始されている。需給調整市場では、さまざまな応動時間の調整力が取引される予定だが、応動時間の比較的遅いものからスタートし、より早い応動時間を有するΔkWを入札する市場が立ち上がっていく。

送配電網の整備については、分散型電源の拡充等により電力の潮流が変化し、電力会社のエリアを跨いだ送電の増加や、エリア内の基幹系統で送電混雑が増加するなど、自由化前とは異なる考え方で進める必要に迫られている。システム改革の方針に基づいて設置された電力広域的運営推進機関が、2022年度中には全国レベルで送電網の基幹系統についての中長期的な整備計画である「マスタープラン」を策定することとなった。

また、政府が2050年カーボンニュートラルを目指してGXに力を入れていくなかで、再エネの更なる導入拡大に向けて、非化石価値市場が設置

され、「電気は電気、再エネの価値は再エネの価値」と分離して取引されることになった。また、導入促進策としても固定価格買取（FIT）ではなく、市場価格への上乗せ額を固定する仕組み（FIP）の導入が決定され、相性の悪い市場原理と再エネ導入を両立させようとしている。

現在、その目的を十分に果たせているとは言い難い電力システム改革であるが、「電力自由化は誤りであった」と断じ、地域独占・総括原価の時代に戻ることは、余りにリスクとコストが大きく、実質的に不可能である。目的が達成できるように市場制度を適切に再整備するしかない。

ただ、容量市場や需給調整市場、送電系統整備の新しいルール等については、先行している諸国・地域でも上手くいっているとは限らない。日本においても、容量市場の価格が安定しないため新規投資の指標とはなりにくく、既設発電所の超過利潤になっているだけ、という指摘もあり、別途非化石電源の新規投資を促す新たな制度の設計が行われている。需給調整市場も十分な調整力が確保できなかったり、想定よりも価格が高騰して送配電事業者の負担が増えたりしており、必ずしも市場化前より効率化できているとはいえない。

システム改革の目的達成に向けた制度の再構築はまだ緒に就いたばかりであり、今後も上手くいかなければ更なる修正が必要である。自由化の本旨が、市場原理の導入による電気事業の効率性向上であるならば、市場の効率性を発揮できる状態を維持し続けることは必須である。これはadequacy確保という制約条件下で市場原理を最大限導入できる制度を構築するという問題である。

一方、電気事業制度だけではカバーできないこともある。それはkWh価値のadequacyを担保する燃料の安定調達の問題である。世界的なLNGの需給ひっ迫、価格高騰は、小売事業者が卸取引によってkWhを確保することを著しく困難にさせた。こうしたリスクを回避するには、資源外交、国内資源の開発、一次エネルギー供給構造の転換、新しいエネルギーの開発、消費の抑制策といった諸問題を総合的に、国家戦略として進めていく必要がある。

参考文献

P. Krugman (2000) "Reckonings; California Screaming," *The New York Times*, December 10, 2000.

電力広域的運営推進機関 (2018)「欧米諸国の需給調整市場に関する調査 最終報告書」2018年7月、https://www.occto.or.jp/iinkai/chouseiryoku/files/jukyuchousei_kaigaicyousa_houkokusyo.pdf (2023年2月25日閲覧)。

電力中央研究所　社会経済研究所 (2021)「海外の供給力確保のための仕組み」総合資源エネルギー調査会　電力・ガス事業分科会　第39回電力・ガス基本政策小委員会資料、2021年9月24日、https://www.meti.go.jp/shingikai/enecho/denryoku_gas/denryoku_gas/pdf/039_05_02.pdf (2023年2月25日閲覧)。

コラム

エネルギー企業におけるLNGの位置づけ

"Liquefied Natural Gas" は、日本では「液化天然ガス」と訳されているが、日本も含め世界的に「LNG」の略称が通用している。産ガス国において取り出された天然ガスを液化して輸送することにより、日本も火力発電や都市ガス供給などで恩恵を受けている。エネルギー商品の取引には、戦争・テロの発生や、需要・供給のバランスの変化など、様々な要因に影響される価格の変動というリスクが存在する。こうしたリスクはしっかり把握し、コントロールしていくことが重要である。LNGは、価格の乱高下に対するリスクヘッジの重要性が叫ばれ、日本でも石油などと同様に先物取引がなされるようになってきた。LNGは石炭や石油と比較すればCO_2排出量の少ない化石燃料と認識されているものの、化石燃料である以上は、結果的に大気中のCO_2を増やすため、その消費をいかに削減するかが課題になっている。そこで、森林活動などによるCO_2削減効果（カーボン・クレジット）により排出をオフセットしたLNGが流通するようになってきている。今後は、回収したCO_2を原料とすることで、燃焼しても大気中のCO_2を増やすこととならない「合成メタン」や、下水処理や糞尿処理などバイオマス由来の「バイオガス」の製造が、ＧＸ関連の技術革新の後押しを得て、世界的に広まることとなろう。なお、基本的に水素とCO_2を合成する技術を「メタネーション」と呼び、「メタネーション」により製造されたメタンガスを「e-メタン（e-methane）」と呼ぶ。このような「合成メタン」にも多様なものがある。それは、水素とCO_2からメタンを合成する手法が多様だからである。バイオマス活用の「e-メタン」も考えられる。バイオマスを高温でガス化すると、水素、CO、CO_2が生成される。そのうち水素とCOから触媒反応を経て「e-メタン」を製造する。CO_2は地中に貯留すれば、総体としてはマイナスのCO_2排出となる。これを「ネガティブエミッション」という。LNGの経験から明らかなように、得られたメタンガスを液化すると国際的な流通がより活発になる。

《文献ガイド》

1. 秋元圭吾・橘川武郎・エネルギー総合工学研究所・日本ガス協会（2022）『メタネーション』エネルギーフォーラム。

   カーボンニュートラルに向けて日本の都市ガス業界が動き出している。キーワードは「メタネーション」。この水素とCO_2を合成させる技術について詳しく知ることができる。

2. 今井伸・橘川武郎著、石井彰執筆協力（2019）『LNG 50年の軌跡とその未来』日経BPコンサルティング。

   そもそも液化天然ガスがどのように現在の隆盛を誇れるようになったのかがよくわかる。巻末に資料編があり、参考になるカラフルな資料が入っている。

3. 竹内純子編著、伊藤剛・戸田直樹著（2021）『エネルギー産業2030への戦略―― Utility3.0を実装する』日本経済新聞出版。

   全7章からなる。なぜ電気料金が高くなるのかについて、冷静に考えるとそれが新たな産業を導き未来を正しく選択するためにかかるコストであることを教えてくれる啓蒙の書。

4. 松尾博文（2022）『みんなで考える脱炭素社会』日本経済新聞出版。

   二部構成としており、プロローグに続き、第Ⅰ部を「地球温暖化に直面する日本と世界」、そして第Ⅱ部を「カーボンゼロ実現への挑戦」とする。

5. 山家公雄（2020）『日本の電力改革・再エネ主力化をどう実現する――RE100とパリ協定対応で2020年代を生き抜く』インプレスR&D。

   欧米の最新の動きを背景として紹介するとともに、現在の日本の電力・エネルギー関連で最重要なトピックスについて詳しく解説し、日本の企業が今後勝ち残っていく道を探っている。

第4章

鉄道事業の存続問題や安全性への対策

4.1　はじめに

本章では、近年の日本の鉄道事業が抱えている諸問題および、それらへの事業者や政府の対策について解説する。COVID-19の流行前後で、鉄道事業の採算性は大きく変化した。また、近年では、さまざまな安全対策も求められている。そこで、政府は補助制度やガイドラインの制定等を行い、事業者は補助制度を活用するなどして、鉄道の安全対策を推進しているところである。

4.2　鉄道事業の動向

(1) COVID-19流行前後の状況の変化

COVID-19流行前は、大都市圏内輸送を担う都市鉄道や、都市間輸送を担う幹線鉄道を中心に運営している鉄道事業者の多くが黒字を計上する一方、地域内輸送を担う地域鉄道を運営している鉄道事業者は、輸送人員が減少傾向にあり、不採算路線の廃止等、鉄道路線の維持・存続問題が発生していた。そこに2020年以降、COVID-19が流行すると、人々の外出機会の減少により、地方部のみならず都市部においても鉄道輸送人員が減少した。これにより、以前は黒字を計上していた都市鉄道や幹線鉄道の事業者からも、赤字を計上する事業者が続出した。さらに、もともと利用者が少なかった地域鉄道では、その維持・存続問題がより深刻となった。

（2）不採算路線の廃止

現行の鉄道事業法上では、旅客鉄道の場合は廃止予定日の1年前までに、貨物鉄道の場合は廃止予定日の6カ月前までに、最寄りの運輸局長に廃止届を提出すれば、事業者の一存で路線廃止が可能である。廃止が届出制となった2000年度以降、2021年4月1日まで、日本全国で45路線（総延長1157.9km）が廃止された[1]。なかでも地域鉄道で維持・存続問題が深刻化している。国土交通省は、地域鉄道を運営する事業者のうち、中小民鉄と第三セクターを地域鉄道事業者と定義している。2021年度において、地域鉄道事業者95社のうち91社（95.8%）が赤字であり、COVID-19流行直前である2019年度の74社（77.9%）よりも増加している。

（3）鉄道事業に対する支援制度

存続が困難または困難となるおそれのある旅客鉄道に対する国の支援制度として、鉄道事業再構築事業がある。これは、事業構造の変更（土地・設備の自治体保有化）や、地方自治体からの設備投資・施設保有費用の補助等により経営改善を図り、鉄道路線の存続を目的としている。

日本の旅客鉄道においては、鉄道事業者1社が土地や設備を保有しながら列車も運行する、垂直統合の構造となっている場合が多い。しかしながら、特に地域鉄道では、施設保有費用の割合が大きいことが経営圧迫の一要因である（梶間谷・徳武、2013；盛山、2014）。そこで、土地や設備を自治体等が保有することで、列車を運行する事業者の施設保有費用の負担を軽減するのが、再構築事業の大きな特徴である。

図4-1には、この再構築事業における事業構造変更例が3種類示されている。まず、「公有民営」は、自治体が鉄道施設や土地を保有し、それらを既存または新設の事業者に無償貸与して、既存または新設の事業者が列

1　国土交通省『近年廃止された鉄軌道路線』http://www.mlit.go.jp/common/001344605.pdf（2022年12月23日閲覧）。

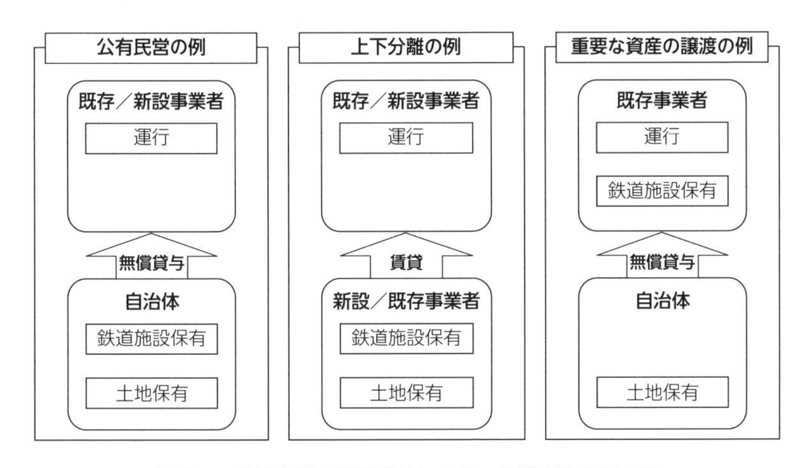

図4-1　鉄道事業再構築事業による、事業構造の変更例

（出典）国土交通省『鉄道事業再構築事業の概要』https://www.mlit.go.jp/common/001235844.pdf（2022年12月23日閲覧）をもとに筆者作成。

車を運行するものである。次に、「上下分離」は、新設または既存の事業者が鉄道施設や土地を保有し、それらを既存または新設の事業者に有償で賃貸して、既存または新設の事業者が列車を運行する形態である。さらに、「重要な資産の譲渡」は、列車の運行や鉄道施設保有を行う既存事業者が自治体に土地を譲渡し、自治体はその土地を、既存事業者に無償貸与するというものである。2023年1月現在、「公有民営」への変更が5件、「上下分離」への変更が1件、「重要な資産の譲渡」が4件、それぞれ認定されている。

4.3　鉄道事業の安全対策

(1) 軌間拡大による脱線事故対策

鉄道運転事故のなかで特に重要なものは、列車事故（衝突・脱線・火災）である。2016年10月から2017年5月までの7カ月間で、中小民鉄において、木製枕木老朽化による軌間（線路幅）拡大を原因とする列車脱線事故が4件発生した。これを受け、2018年6月に、運輸安全委員会は国土交通大臣に対する意見のなかで、木製枕木からコンクリート製枕木への交換など、再発防止のための取り組みの推進を求めた。

枕木のコンクリート化は、木製のものに比べ強度が高いので安全性が高まるだけでなく、その耐用年数の長さから線路メンテナンス頻度を削減でき、保守費の削減につながるとされている。Kitamura（2020）は、計量経済学的手法を用いた実証研究により、鉄道事業者が毎年1パーセントポイントずつコンクリート製枕木の採用率を高めていくと、18年間で線路保守費が平均0.714％削減できることを示した。よって、減少幅は小さいものの、コンクリート枕木化により施設保有関係の費用の削減が可能である。

地域鉄道をはじめとする中小民鉄には、2022年度現在においても、木製枕木を採用している区間のある事業者が存在する。前述のとおり、安全対策のためにコンクリート枕木化の推進が求められているが、特に経営環境の厳しい地域鉄道事業者がそれを単独で実施することが困難な場合が多い。そこで、国の補助制度の利用が考えられる。「鉄道施設総合安全対策事業費補助」と「地域公共交通確保維持改善事業費補助金」はどちらも、補助対象に枕木の更新が含まれており、安全性向上のための設備の更新を支援する制度である。両制度とも、すべての鉄軌道事業者が利用可能である。安全性を向上させ、軌間拡大による脱線事故の再発を防ぐために、木製枕木採用区間が残る事業者は、これらの制度を活用してコンクリート枕木化を進めることが求められる。それが長期的には、メンテナンス頻度の削減により線路維持費の削減につながる。

(2) 踏切・駅ホームの安全対策

日本の鉄道では、踏切で列車と人や自動車等が接触する事故や、駅ホームで列車と人が接触する事故が絶えず発生している。2021年度には日本全国で、踏切事故が217件発生し、それにより96名が死亡しており、駅ホームでの接触事故は74件発生し、それにより14名が死亡した（国土交通省鉄道局、2022。自殺によるものは含まれていない）。

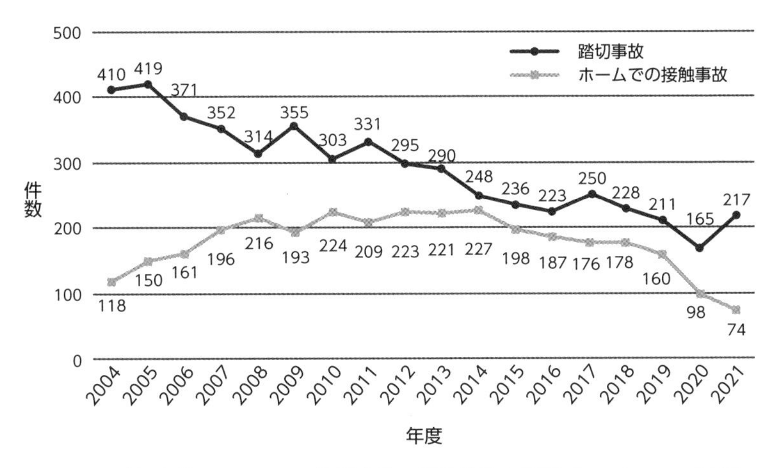

図 4-2　踏切事故とホームでの接触事故の発生件数の推移（2004-2021 年度）

（注 1）ホームでの接触事故の件数は、ホームからの転落事故件数とホーム上での列車との接触事故件数の合計である。

（注 2）ホームでの接触事故の件数には、自殺によるものは含まれていない。

（出典）国土交通省鉄道局（2022）の図 10 および図 15 をもとに筆者作成。

図 4-2 に、日本での踏切事故とホームでの接触事故の発生件数の、2004 年度から 2021 年度までの推移が示されている。この図によれば、踏切事故の件数は期間を通じて減少傾向である。これは、鉄道事業者が線路の高架化や地下化によって踏切を廃止したり、遮断機や警報機が未設置であった踏切にそれらを設置して安全性を向上させたりしてきたため、これらが事故件数の減少につながっていると考えられる。また、図 4-2 によれば、ホームでの接触事故の件数は、2008 年度までは増加傾向であったが、その後は横ばいとなり、2015 年度以降は減少傾向に転じている。近年、特に都市鉄道において、ホームドアや可動式ホーム柵の設置といった駅ホームの安全対策が進んでいることにより、2015 年度以降の事故件数の減少につながったと考えられる。

4.3（1）で述べた「鉄道施設総合安全対策事業費補助」は、踏切道の改良（遮断機や警報機の設置など）も補助金交付の対象となっている。2020 年度には 11 事業者がこの補助制度を利用し、踏切道の改良を行った。

ホームでの接触事故に関しては、2011年1月に山手線目白駅で発生した転落・死傷事故を契機に、同年2月には国土交通大臣がホームドアの設置を促進するよう求めて検討会が発足した（盛山、2014）。それから10年以上が経過した2021年12月には、「鉄道駅バリアフリー料金制度」が創設され、鉄道の運賃・料金の値上げ分を、ホームドアやエレベーター等のバリアフリー設備の整備に充てることができるようになった。少子高齢化が進むなか、エレベーター等はホームドアと並んで駅に優先的に設置すべき設備である。2022年11月現在、16社の鉄道事業者が、この料金制度の利用を届け出ており、順次、運賃・料金を値上げして、その増収分をバリアフリー設備の整備に充てる予定である。

なお、ホームドアやエレベーターの整備も、4.3（1）で述べた「鉄道施設総合安全対策事業費補助」による補助の対象となっている。これらの整備に対する補助率は、もともと対象経費の3分の1であったが、2022年からは2分の1に引き上げられ、事業者にとっては整備しやすくなった。

(3) 自然災害対策

日本では台風や地震などの自然災害が頻発している。2004年には、複数回にわたり日本列島を襲った台風や、新潟県中越地震の影響により鉄道施設が破壊され、長期間の不通を余儀なくされた路線が続出した。この年を境に、日本では自然災害の被害を受け鉄道路線が長期間、不通になることが相次いでいる。そのため、鉄道の防災対策の必要性が増している。

自然災害対策の補助制度として、鉄道・運輸機構が設けている「鉄道防災事業費補助」の制度のなかに、落石・なだれ等対策としての落石防止擁壁の整備、海岸等保全としての護岸壁の整備に対する補助金制度がある。このような擁壁や岸壁の整備は、鉄道の安全確保のみならず、一般住民・道路・耕地等の保全保護にもつながる公共的防災事業となっている。この補助は、JR各社のみが対象となっており、実際に、2020年度にはJR2社がこの制度を利用して、防災対策整備を行った。民鉄や第三セクターは、この補助の対象外であるが、4.3（1）で述べた「鉄道施設総合安全対策事業費補助」および「地域公共交通確保維持改善事業費補助金」の補助対象設備には落石等防止設備や防風設備が含まれており、民鉄や第三セクター事業者はこれらを利用しての防災対策が可能である。

(4) 悪意によるテロ事件への対策

鉄道においては、悪意を持つ人物によるテロ事件への対策も課題となっている。2018年6月に、東海道新幹線において死傷者3名を出す殺傷事件が発生した。この事件で使われた凶器が刃物であったことから、同年12月に鉄道運輸規程が改正され、梱包されていない刃物の鉄道車内への持ち込み禁止が明確化された。同時に、『刃物を鉄道車内に持ち込む際の梱包方法についてのガイドライン』も制定された。

しかしながら、前述の規程改正・ガイドライン制定後も、2021年8月に小田急電鉄で、同年10月に京王電鉄で殺傷事件が発生している。そもそも、悪意を持ちテロ事件を発生させる人物が、規程やガイドライン等を遵守することは考えにくい。そのため、規程に禁止事項を明記しガイドラインを制定するだけでは、テロ事件を防止することが難しい。さらに、小田急電鉄の事件では放火未遂、京王電鉄の事件では放火まで行われており、鉄道車内での火の使用への対策も喫緊の課題である。このようなテロ事件は、都市鉄道や幹線鉄道において発生することが多い。事件を防止するには、海外の鉄道で行われているような利用者の手荷物検査を、日本の都市鉄道や幹線鉄道にも導入する必要があるかもしれない。

4.4　おわりに

2020年にCOVID-19が流行して以来、日本の鉄道事業においては、都市鉄道や幹線鉄道を運営する事業者までもが赤字を計上するようになり、地域鉄道を運営する事業者は赤字に拍車がかかり、維持・存続問題が深刻化している。ところが、近年では枕木の老朽化による軌間拡大を原因とする列車脱線事故が連続して発生したこと、踏切事故や駅ホームでの接触事故が絶えないこと、自然災害による鉄道施設の破壊も相次いでいることなどにより、安全対策としての設備投資の必要性が高まっている。これらの安全対策には、国が補助制度や運賃・料金増収分充当制度を設けているため、各鉄道事業者はこれらを活用し、安全対策を進めていくことが望ましい。また、悪意によるテロ事件対策としては、規程に禁止事項を明記しガイドラインを制定するだけでは防止が困難なため、利用者の手荷物検査の導入等による対策が必要であろう。

参考文献

Kitamura, T.（2020）"Long-run Impact of Track Improvements on Railroad Track Maintenance Cost: Empirical Analysis Using Distributed Lag Model," *International Public Economy Studies*（『国際公共経済研究』）Vol. 31, pp. 54-65.

梶間谷円・徳武康一（2013）「鉄道施設の老朽化対策と維持更新に向けた支援の状況」『運輸と経済』第 73 巻第 7 号、56-63 頁。

国土交通省鉄道局（2022）『鉄軌道輸送の安全に関わる情報（令和 3 年度）』、https://www.mlit.go.jp/common/001519719.pdf（2022 年 12 月 23 日閲覧）。

盛山正仁（2014）『鉄道政策 ――鉄道への公的関与について』創英社／三省堂書店。

コラム

持続可能な公共交通にむけた新しい取り組み

現在、鉄道をはじめ公共交通の経営環境は非常に厳しい。人口減少やモータリゼーション化による経年的な需要の減少に加え、COVID-19の拡大による移動需要の減少が事業者の経営を直撃した。従来日本の公共交通は一部を除き民間企業によって運営されてきた。ということは原則採算性を維持しなければならず、赤字が続くと最終的に路線を廃止せざるをえない。しかし、ネットワークの維持や移動手段の確保を考えると路線廃止は容易ではなく、事業者は難しい経営の舵取りを迫られている。

ここで、持続可能な公共交通にむけて導入、検討されている新しい取り組みを紹介する。1つ目は徳島県内におけるJR四国と徳島バスの共同経営である。これは鉄道需要が少ない区間でJRの乗車券を持つ乗客が並行する高速バスに乗れるサービスである。鉄道とバスといった異なる交通モード間が連携し、運賃を共通化した全国初の取り組みである。これにより、JRは列車を減便したとしても輸送サービスを提供することができ、また乗客は追加負担なしに移動することができる。2つ目は滋賀県が導入を検討している交通税である。交通税はフランスで導入されており、公共交通を道路と同じ社会インフラと捉え、維持費用を運賃だけでなく税で広く住民に負担を求める方法である。

これらの取り組みの有効性を検証するとともに、他の研究成果や事例をもとに持続可能な公共交通を構築していく必要があるだろう。

《文献ガイド》

1. 宇都宮浄人（2020）『地域公共交通の統合的政策――日欧比較からみえる新時代』東洋経済新報社。

   日本と欧州の比較をもとに、日本における今後の地域公共交通政策を考える鍵を提示している。

2. 斎藤峻彦著・関西鉄道協会都市交通研究所編（2019）『鉄道政策の改革――鉄道大国・日本の「先進」と「後進」』成山堂書店。

   鉄道大国日本の先進性と後進性を明らかにし、日本の鉄道政策が抱える課題の解決と改革に向けての提言がなされている。

3. 宿利正史・長谷知治編（2021）『地域公共交通政策論』東京大学出版会。

   地域公共交通政策の概要について述べたうえで、具体的な取り組み事例が豊富に紹介されている。

第5章

航空産業における
カーボンニュートラルへの取り組みと課題

5.1　航空産業と地球環境問題

航空産業は2つの大きな課題に直面し、転換期を迎えている。1つはCOVID-19の度重なる感染拡大、もう1つは地球環境問題への対処である。

前者は、航空需要の大幅な減少、関連企業の経営破綻、テレワークの普及、人々の移動に対する価値観の変容など、航空産業に大きな影響を及ぼしてきた。しかし、国際航空運送協会（International Air Transport Association：IATA）によると、2019年の水準まで国際線の航空需要が回復するのは2025年頃で、2030年には139%（対2019年比）まで成長すると予測されている[1]。したがって、COVID-19は一過性のものであり、将来的な影響は大きくないといえるだろう。

一方、後者については、局地的な騒音よりも、地球規模でのCO_2過排出に起因すると考えられる地球温暖化が主である。この課題に対する究極的な解決方法がすでに存在するわけではなく、さまざまな現代の知恵や技術を結集し、その解決方法を検討している段階にある。それゆえ、地球環境問題は、将来的に航空産業を再構築する起点となる可能性が高いと考えられる。

1　IATA（2022）“Global Outlook for Air Transport –December 2022-,” https://www.iata.org/en/iata-repository/publications/economic-reports/global-outlook-for-air-transport---december-2022/（2023年2月1日閲覧）.

CO_2などの温室効果ガス削減については地球規模の問題として長らく議論されてきた。1997年の「京都議定書」では2020年までの国際的な温室効果ガス削減目標が定められ、2015年には「パリ協定」で中・長期の削減目標が更新された。これにより各国においてカーボンニュートラル（CO_2排出の実質ゼロ化）を目指す指針・目標が掲げられ、航空産業も例に漏れずその矛先が向けられた。しかし、これらの指針では基本的に国内航空のみが対象とされており、国境を超える国際航空に関しては、国単位での取り組みに限界があるなどの特殊性から、国際民間航空機関（International Civil Aviation Organization：ICAO）に議論が委ねられてきた（橋本、2017）。

ICAOは、CO_2削減に向けた第一歩として、2016年の第39回総会にて「市場メカニズムを利用した温室効果ガスの削減制度（Global Market Based Measure：GMBM）」について全会一致で決議し、国際ルールの大枠がようやく定められた。「国際民間航空のためのカーボンオフセットおよび削減スキーム（Carbon Offsetting and Reduction Scheme for International Aviation：CORSIA）」と名付けられたこの枠組みは2021年から段階的な導入が始まっており、基準を超える排出量に対しては排出権取引による相殺（オフセット）義務が航空会社に課されることになる[2]。

さらに、2022年には「2050年までに国際航空からのCO_2排出を実質ゼロにする」とする具体的な長期目標がICAOで採択され、環境意識だけでなく実質的な取り組みも年々加速しており、わが国でもこれらの決定に沿う形で航空政策が展開されている。

こうした地球環境問題を軸とする航空産業全体の取り組みは、航空旅客市場だけでなく他モードにまで影響をもたらす可能性があるだろう。昨今の背景を踏まえ、航空会社や空港における地球環境問題への取り組みを起点とする再構築がどのように進展すると予想されるのか、あるいはどのよ

2　パイロットフェーズ（2021-23）および第1フェーズ（2024-26）では、自主的な参加国の国際航空のみが対象で、第2フェーズ（2027-35）以降は、一部の小規模航空会社や後発開発途上国などを除くすべての国際航空が対象となる。

うな議論が今後必要となるのかについて、考察する。

5.2　持続可能な航空燃料（SAF）と航空会社

持続可能な航空燃料（Sustainable Aviation Fuel：SAF）は、植物などのバイオマスや生活のなかで排出される廃棄物を原料として製造される航空燃料のことである。その最大の特徴は、製造過程でCO_2を吸収する点にある。図5-1に示すように、従来型の化石由来航空燃料はCO_2を一方的に排出するのに対して、SAFは原料の栽培、収穫、製造、輸送などを含むライフサイクル全体でのCO_2排出量を削減することができる。そのため、航空産業のカーボンニュートラルを達成するための手段の1つとして大きな注目を集めている。

SAFのほかの特徴として、その成分が化石由来航空燃料と同じであり、これらを混合して利用することができる点がある[3]。この特徴によって、SAFの利用のために特別な航空機やインフラを必要とせず、既存のものをそのまま活用して航空輸送を実現できる。また、SAFはさまざまな原

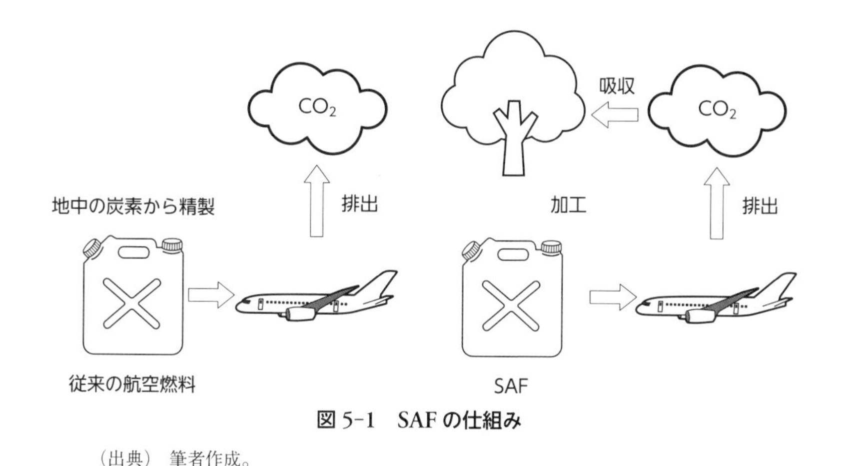

図5-1　SAFの仕組み

（出典）筆者作成。

3　2023年現在、国際規格（ASTMインターナショナル）で認められた7種類のSAFの混合上限は50%となっている。

料から製造することができ、化石由来航空燃料のように特定の国や地域に依存しない形で供給が可能となる。そのため、航空燃料コストの平準化や新しい産業の勃興など、カーボンニュートラル以外の観点からも大きな期待が寄せられている。

世界で初めてSAF[4]を利用した航空便が運航されたのは2008年で、それ以降、50を超える航空会社によって45万回以上のフライトが実現している[5]。日本においても、2020年にANAが輸入SAFを使用した日本発の定期便運航を、次いで2021年にJALが国産SAFを使用したフライトをそれぞれ実現している。さらに、2022年に成田国際空港においてハイドランドシステムによる国産SAFの供給が開始されるなど、その利用範囲が徐々に拡大しつつある。

SAFを使用した航空輸送の普及に向けて最も関心が高い社会的課題の1つは、SAFをどのように安定的に製造･供給するか、というものである。世界のSAF供給量は、2020年時点で6.3万kL（全航空燃料の供給量の0.03%）に過ぎず[6]、SAFを利用してカーボンニュートラルを実現するためには供給量が圧倒的に不足している。今後、SAFに対する需要は継続的に増加することが予測されており、国産SAFの供給量の確保およびその原料の調達[7]、先駆けて商用化されている輸入SAFを活用したSAF供給網の構築、SAFの製造コストの低廉化など、さまざまな課題が山積している。日本ではこれらの課題について、経済産業省や国土交通省、環境省などを

4　厳密にいえば、この時点ではSAFの国際規格は策定されておらず、ババスオイルとココナッツオイル由来のバイオジェット燃料が使用されている、https://boeing.mediaroom.com/2008-02-24-Boeing-Virgin-Atlantic-and-GE-Aviation-to-Fly-First-Commercial-Jet-on-Biofuel（2023年1月25日閲覧）。

5　IATA "Net zero 2050: sustainable aviation fuels," https://www.iata.org/en/iata-repository/pressroom/fact-sheets/fact-sheet---alternative-fuels/（2023年1月11日閲覧）.

6　ATAG（2021）"Waypoint 2050 second edition," https://aviationbenefits.org/environmental-efficiency/climate-action/waypoint-2050/（2023年1月11日閲覧）.

7　国産SAFの安定供給は、燃料輸送におけるCO_2排出削減という観点からも極めて重要な課題であるといえる。

中心とし、航空会社や石油精製・元売会社、空港関係者、有識者などの関係者が参加する協議会や検討会、ワーキンググループが形成され、SAFの安定的な製造・供給に向けて議論されているところである。

しかしながら、SAFに関する課題は、その製造・供給に関するものだけではない。特に、SAFが既存の航空燃料に比べて割高であること[8]は、SAFを利用して航空サービスを提供する航空会社の燃料コストを増加させる可能性が高い。このとき、航空会社は「燃料コストの増分をどのように価格に転嫁すべきか（しないべきか）」や「SAFを導入すべきか（できるか）」といった課題に直面する。その結果として、例えば、① SAFを導入した航空会社が運賃を上昇させる、② 低運賃を売りにするLCCや経営が厳しい中小規模の航空会社がSAFの導入を断念する、③ SAFの利用が特定の航空会社のみにしか広がらず、たとえ製造・供給が順調に進行しても十分な成果を得られない、などさまざまな状況を想定することができる。また、SAFの利用を促進するために、政府などが（一定割合の）SAFの使用を義務付けることは、航空会社、特にLCCや中小規模の航空会社の経営を圧迫し、航空規制緩和や航空自由化を機に長年をかけて徐々に構築されてきた航空市場における健全な競争環境を破壊し、寡占化をさらに進行させる可能性もはらんでいるだろう。

これだけにとどまらず、SAFによる燃料コストの増加は、関連する他の産業にも影響しうる。例えば、燃料コストの増加によって航空運賃が上昇すれば、国際市場では、観光旅客が移動を取りやめ、観光地によるインバウンドに向けた施策や投資は十分な効果をあげられないかもしれないし、国内市場では、移動の取りやめだけでなく、競合する交通モード（新幹線や高速バスなど）へのモーダルシフトを生み、交通市場全体として大きな転換期を迎えるかもしれない。

2023年現在、SAFに関する議論は、それをどのように安定的に製造・

8　従来の航空燃料の製造コストが100円/Lなのに対し、現状のSAFの製造コストは200～1600円/Lで2～16倍高いといわれている。将来的には、製造技術の確立や大量生産などによってコストダウンが見込まれている。

供給するか、に関するものがほとんどである。それ自体はとても大切で、十分に議論すべき課題であることは確かである。しかしながら、SAFを使用する企業（航空会社）のインセンティブ設計や、SAFの使用（に伴う燃料コストの高騰）が航空（交通）市場に及ぼす影響など、SAFが市場でどのような役割を果たすのか、という視点での議論は非常に限られている。SAFを普及し、航空産業におけるカーボンニュートラルを実現するためには、その製造・供給に関する議論だけでなく、SAFが市場で果たす役割に関する議論も深めていく必要があるだろう。

5.3 再生可能エネルギーと空港

空港では、エネルギー消費量における電力の占める割合が高いことから、2050年カーボンニュートラルの実現と並行して、再生可能エネルギー拠点化（以下、「再エネ拠点化」という）を目指す検討が進められている[9]。国土交通省は2021年3月に「空港分野におけるCO_2削減に関する検討会」[10]を設置し、CO_2削減目標の達成と空港の再エネ拠点化に向けた取り組みが進行している（表5-1参照）。

すでに国管理および会社管理空港全24空港のうち、17空港にて再生可能エネルギーが導入されており、そのほとんどが太陽光発電である。例えば、関西国際空港では2014年2月に空港島内の遊休地を活用し、大規模太陽光発電所（メガソーラー）が設置された。敷地面積は約12ha、年間電力量は一般住宅の約2800世帯分に相当する1600万kWhで、空港ではアジア最大級となる。このメガソーラーにより、空港年間電力使用量の約

9　例えば、関西エアポートグループにおけるCO_2排出源の内訳（2018年10月から2019年9月集計）は、電気：74%、ガス：19%、ゴミの燃焼：6%、車両等燃料：1%となっており、電力が大半を占めている。出典：関西エアポート（2022）「関西3空港の環境への取組み」、https://web.pref.hyogo.lg.jp/ks06/documents/nakatani_r4seminar.pdf（2022年12月25日閲覧）。

10　これまで2つのワーキンググループ（「空港建築施設の脱炭素化に関する検討WG」と「空港における太陽光パネル設置検討WG」）が下部組織として設置され、そこで具合的な検討がなされている。

表 5-1 「空港分野における CO_2 削減に関する検討会」の経緯

回	開催日	主な議題
第 1 回	2021/03/08	設置目的の掲出・主要な取り組みに係る課題の整理。
第 2 回	2021/06/04	カーボンニュートラル実現を目指す基本方針の策定。
第 3 回	2021/07/28	「重点調査空港」21 空港*の選定。
第 4 回	2022/02/04	「重点調査」の結果報告。
第 5 回	2022/06/22	空港における太陽光パネル設置の検討。
第 6 回	2022/09/01	改正航空法に基づく「航空脱炭素化推進基本方針」策定。
第 7 回	2022/12/09	「空港脱炭素化事業推進のためのマニュアル」初案策定。

*会社管理：4 空港、国管理：10 空港、特定地方管理：2 空港、地方管理：5 空港。
（出典）「空港分野における CO_2 削減に関する検討会」公表資料をもとに筆者作成。

10%が賄われ、年間 8000 トンの CO_2 排出削減効果がある。熊本空港ではコンセッション空港として初めて、PPA（Power Purchase Agreement）モデルでの太陽光発電設備導入を決定した[11]。2023 年 3 月開業予定の新ターミナルビル駐車場にてカーポート型太陽光パネルを設置し、空港における CO_2 排出量の 10%を削減できる見込みである。

また、太陽光発電だけでなく、空港施設・空港車両・航空機などからの CO_2 排出抑制にも取り組むことにより、全体での目標達成を目指している[12]。例えば空港施設については、省エネオペレーションによる空調の最適化や航空灯火の LED 化が、空港車両についてはフォークリフトやトーイングトラクターの電動車（EV）・燃料電池車（FCV）化が検討・推進されている。

空港では太陽光発電の活用を軸として、カーボンニュートラルに向けた取り組みが進行中で、今後、加速度的な進展が期待される。しかしながら、

11　九州電力（2022）「【コンセッション空港初】脱炭素化に向けて熊本空港に PPA モデルでの太陽光発電設備（1.1MW）を導入 ――熊本空港の CO_2 排出量 10%削減を実現」、https://www.kyuden.co.jp/press_h220524-1.html（2023 年 1 月 21 日閲覧）。

12　国内空港における CO_2 排出（2018 年度推計）の内訳は航空機：58%、空港（車両・施設）：14%、空港アクセス：28%となっており、合計 640 万トンが年間の排出量となっている（国土交通省、2021）。

空港における再エネ拠点化の実現可能性については、少なからず課題が残されている。

2022年9月1日の第6回会合では、2030年までに2300haの太陽光パネル設置・発電容量230万kW（2.3GW）確保が目標として掲げられている[13]。しかし、国土交通省（2022）によると、太陽光発電のみで賄える電力は年間電力需要量の約43％にとどまり、蓄電池を併用した場合でも、費用対効果の観点から約81％が限界であることが確認されている[14]。太陽光発電のみでCO_2削減目標を達成し、かつ空港の電力需要をすべて賄うだけの発電設備用地を確保することは極めて難しいため、蓄電池を併用するなどの工夫が必要となる。また、重点調査空港のうち成田・中部・新千歳の3空港では、たとえ蓄電池を導入したとしてもCO_2削減目標達成に必要とされるだけの太陽光パネルを設置できないという課題が挙げられている。

さらに、太陽光発電の特性上、空港の天候や立地条件にも発電効率は大きく左右される。日本海側などを中心に、降雨・積雪によって悪天候が続く地域では、発電に必要な日照時間・量の確保が難しくなる。太陽光発電を軸とする再エネ拠点化を目指す場合は、こうした問題にも対処しながら安定的に電力を確保することが求められる。空港単独では解決が困難となれば、空港間における電力融通などの対応策を講じる必要が生じる。

このように、空港におけるカーボンニュートラルと再エネ拠点化を目指すなかで、残された課題への対応と中・長期の実現可能性については継続的な議論・検討が求められる。

13　仮に国内97空港全敷地に相当する面積（約1.5万ha）で実施した場合、年間で約800万トンのCO_2削減効果があると試算されている（国土交通省、2021）。

14　この場合、蓄電池容量が約5,000kWh必要で、システム導入には12億円程度かかると試算されている。なお、全電力を再生エネルギーで賄う場合、約270万kWhの蓄電池容量が必要で、その経費は653億円となる。

5.4 再構築の展望

各節では航空会社と空港それぞれの取り組みと課題について述べてきた。しかし、航空産業全体を俯瞰したとき、航空会社と空港が相互に及ぼす影響も無視できない。今後、地球環境問題を中心に航空産業の再構築が進むなかで、このような影響に関して以下の2つの論点が生じてくると考えられる。

第1の論点は、「SAF 供給の集中投資による空港間格差」である。SAF 導入の初期段階として、集中投資は必要かもしれない。しかし、供給拠点を一部の国際空港に集中し過ぎると、かえって地方空港における SAF の安定供給は難しくなる。SAF が安定供給できない地方空港の競争優位はますます低下する恐れがある。したがって、手遅れにならない程度に地方空港への SAF 供給も検討していくべきであろう。

第2の論点は、「価格の変化による影響」である。SAF の本格的な導入段階におけるコストアップは避けられない。CORSIA（カーボンオフセット・排出権取引制度）の利活用にとどまらず、環境税などが導入されることになれば、航空運賃の水準は少なからず上昇する可能性がある[15]。これにより、新幹線など他モードとも競合している国内路線では、航空の競争優位が低下し、一部の地方空港路線を中心に鉄道などへのモーダルシフトが起きるなど、航空会社や空港にとって深刻な影響が出るかもしれない。路線数の少ない地方空港でこのような影響が生じた場合、ますます経営状況は厳しくなるだろう。空港を維持するのであれば、他モードと競合しな

15　例えば環境意識の高いフランスでは、2020 年から自国発の航空券に対し、新たな環境税（1.5～18€）を課しており、その税収は、温室効果ガス排出量の少ない鉄道網の整備などに充てられている。ドイツやイタリアなど、EU 諸国も同様の取り組みを実施している。しかし、この動きに対して IATA は「課税は解決策ではなく、新たな航空燃料への開発投資が必要である」と正式に抗議をしている（IATA, 2019）、https://data.consilium.europa.eu/doc/document/ST-6098-2019-INIT/en/pdf（2023 年 1 月 25 日閲覧）。

い新規路線や定期路線以外の新規利用開拓が求められる[16]。

航空産業における地球環境問題への取り組みは、単に一過性のものではなく、今後もその勢いを増すことになるだろう。その結果、航空輸送ネットワークの再編やモーダルシフトといった形で、航空産業、ひいては交通ネットワーク全体の再構築がもたらされるかもしれない。

参考文献

国土交通省（2021）「空港分野における CO_2 削減に関する検討会（第1回）資料2」。
国土交通省（2022）「空港分野における CO_2 削減に関する検討会（第4回）資料2」。
橋本弘樹（2017）「国際航空における市場メカニズムを利用した 温室効果ガス削減制度について」『航空環境研究』No. 21、86-88頁。

16　例えば、福井県は福井空港の利用促進と産業活性化を目的とし、小型ビジネスジェット機による往復半額補助制度を2021年から実施している。これにより、鉄道では数時間かかる地方へ約1時間で移動可能となる。このような新たなサービスによる付加価値創出が今後も出てくるかもしれない。出典：福井県（2021）「小型ジェット機のビジネス利用を支援します！」、https://www.pref.fukui.lg.jp/doc/kouwan/jet.html（2023年1月21日閲覧）。

コラム

もう1つの課題“COVID-19”について

COVID-19によるパンデミックの結果、航空産業はどのような影響を受け、どのようなビジネスモデルの再構築が求められるのでしょうか。国内外の実証研究によれば、おおむね余暇などのレジャー需要は早晩回復するものの、出張などビジネス需要の一部はWeb会議などのテレワークに完全に置き換わることにより、パンデミック前の水準には戻り得ないとする予想が大勢を占めています。

航空会社や空港会社は、これをレジャー需要と結びつける新しい取り組みに活路を見いだそうとしています。「ワーケーション」は、Work（仕事）とVacation（休暇）の合成語で、保養地でのテレワークなど、普段と異なる場所で仕事をするスタイルを指します。「ブリージャー」は、Business（仕事）とLeisure（余暇）の合成語で、出張先で滞在を延長して観光などの余暇を楽しむスタイルを指します。

こうした新しいスタイルの普及を促す取り組みとして、日本航空や全日空は、社内公募で選抜された客室乗務員が地域に移住し、自治体や地元企業などと連携した地域創生の取り組みに参画しています。また、和歌山県の南紀白浜空港を運営する「南紀白浜エアポート」は、ワーケーションのプログラム開発から旅行手配に至る一連のサービスを提供しており、空港を中心とした地域経済の活性化に取り組んでいます。

以下の写真は、和歌山県白浜町が作成したワーケーションのポスターです。美しい白砂で知られる白良浜では、フリーWi-Fiが提供されており、ラップトップパソコンをもった男性がレジャーシートのうえで仕事をしています。ただし、こうした光景が日常になるには、人々や企業の働き方に対する意識を変えていく必要があるかもしれません。

ワーケーションを推進する白浜町のポスター

（出典） 白浜町ホームページ、http://www.town.shirahama.wakayama.jp/index.html（2023年4月28日閲覧）。

《文献ガイド》

1. （株）ANA総合研究所編集（2022）『エアラインオペレーション入門〈改訂新版〉』イカロス出版。

   航空会社による実務書です。冒頭では、環境問題について自社の取り組みを中心に詳しく紹介されています。航空会社の仕事について業務別にまとめられています。

2. 関西空港調査会監修、加藤一誠・西藤真一・幕亮二・朝日亮太編著（2021）『航空・空港政策の展望――アフターコロナを見据えて』中央経済社。

   学術書でありながら、実務の視点も積極的に取り入れることで、航空・空港政策の実際を分かりやすく解説しています。COVID-19との関連性に積極的に触れている点も特筆されます。

3. 日本航空株式会社（2022）『エアライン・マネジメント――戦略と実践』インプレス。

   航空会社による実務書です。環境問題への対応を含めて、自社の取り組みを中心に航空会社の経営戦略について重点的に紹介されています。

第6章

内航海運の現状と今後の展望

6.1 はじめに

わが国は四方を海に囲まれた海洋国家である。しかし、日本人の海の仕事に対する理解の程度は決して高いとはいえない。運輸業でいえば、トラックやバス、鉄道は比較的身近に感じられるが、貨物船やタンカー、フェリーは多くの人にとってなじみが薄いと思われる。運輸業の1つである海運業は、日本と外国間の輸送を行う外航海運と国内間の輸送を行う内航海運に分けられる。さらに、輸送する対象の違いで旅客輸送と貨物輸送に分類できる。法律上では、外航海運や旅客輸送は海上運送法に基づく事業であるが、国内の貨物輸送に関しては、同法の特別法にあたる内航海運業法が根拠となる。この内航海運業において、貨物を運送する事業を営む者は運送事業者（オペレーター）、船舶を所有しオペレーターに貸渡しをする事業を営む者は貸渡事業者（船主またはオーナー）とよばれている。

2021年度における内航海運により輸送される貨物量は、トンベースで3億2466万トン、トンキロベースで1618億トンキロである。国内貨物輸送は、主に内航、トラック、鉄道、航空の4つの輸送機関で行われている。そのうち内航の占める割合は、トンベースでは7.6%、トンキロベースでは40.0%[1]と世界的に見ても高い。また、内航で取り扱われる貨物の約8

1　国土交通省「交通関係基本データ－輸送機関別輸送量」、https://www.mlit.go.jp/k-toukei/（2023年1月4日閲覧）。

割は産業原材料が占めており、日本の産業を支える重要な役割を担っている。近年はそれだけでなく、単位当たりの CO_2 排出量がトラックの約5分の1であることからモーダルシフトの転換先としても注目されている。また、大地震等の災害発生時にトラックや鉄道に代わる物資の輸送手段、産業廃棄物等の輸送を行う静脈物流という点でも期待されている。内航船舶はすべて日本籍船で船員も日本人であることから、安全保障や治安維持の面でも意義があるとされている。

6.2 内航海運の分類とこれまでの政策

内航海運は、運航形態により不定期船と定期船に分類される（図6-1参照）。不定期船は、内航海運の8割を占めるものであり、大企業である荷主の依頼を受けて産業原材料を大量かつ継続的に輸送する。そのため、大手荷主と内航海運の元請オペレーターは、年間契約を結び安定輸送の確保を図っている。残りの2割の定期船は、さらにフェリー、コンテナ船およびRORO船に分けられ、不特定多数の荷主から委託された小口貨物（主に電化製品、家庭用品、食料品などの雑貨）を運送する。この場合、定期

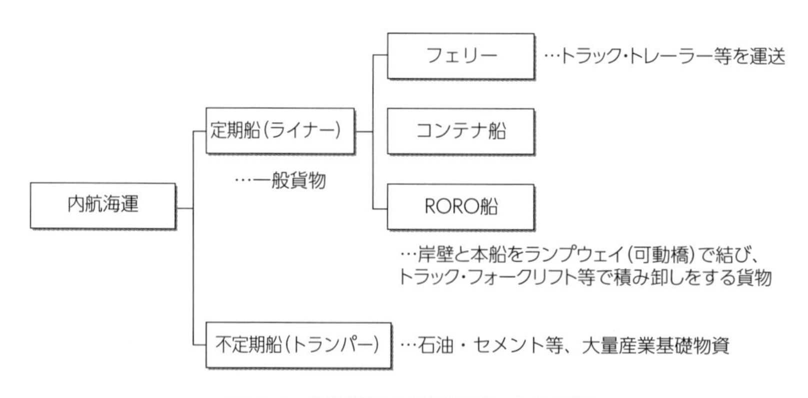

図6-1　内航海運の運航形態による分類

（注）　フェリー事業は法律的には旅客定期航路事業に含まれる。

（出典）　ジェイアール貨物・リサーチセンター（2004）『日本の物流とロジスティクス』成山堂書店、85頁より作成。

船は海陸一貫輸送の海上輸送部分を担う。不定期船は特定荷主の貨物を輸送する「インダストリアル・キャリア」、定期船は複数の荷主を対象とする「コモン・キャリア」の形態をとる。

わが国では大量生産・大量消費の流れを受け、1960年代から会社の専属化・系列化を中心として物流の合理化が進められた。笹木（1984）によると、内航海運業界ではそれに先んじて、1950年代ごろから荷主が輸送依頼する海運会社を数社までに限定して専属化する、あるいは自社の輸送部門を切り離して子会社を設立して系列化するといった傾向が徐々に進展し、インダストリアル・キャリアが形成された。さらに戦後より、零細事業者の乱立による過当競争の状況が続き、常に船腹（輸送力としての船舶の量）過剰の状態であった。加えて旧国鉄の貨物運賃との競合があったことなどにより、運賃は1957年をピークに長期低迷を続けていた。こうした状況を受けて、政府や業界により内航海運業の安定化のための施策が講じられ、1964年7月に内航海運をすべて法規制の対象とした「内航海運業法」と「内航海運組合法」が公布された。この2つの法律は「内航二法」といわれる。内航海運業法は1966年に一部改正されて全事業が許可制となり、1967年から船腹調整事業が始まった。

登録制から許可制となり、オーナーとオペレーターが明確に区別されたことで、中小事業者においては、オペレーターとしての許可を受けるのに必要な船腹量を満たすために集約化が進み、一方で、それが適わなかった零細事業者の大部分はオーナーへと転じざるを得なくなった。このようにして業界が大規模に再編され、大手オペレーターが零細オーナーまでを従属させるという現在の体制が確立した。また、船腹調整事業の実施によって、需給ギャップの改善や船舶の大型化には効果があったものの、船舶建造の引当資格が一種の営業権となり、内航海運事業者が事業へ過度に依存した経営を行うようになった。その結果、ビジネス拡大や新規参入を抑制するとの批判が起こり、1998年に船腹調整事業は廃止となったが、続いてソフトランディング策となる「内航海運暫定措置事業」が導入された。そして、この事業は収支が相償したため、2021年8月に終了した。

このように内航海運政策は供給をコントロールするための規制が中心であったが、一方、外航海運に対しては同時期、国際競争力向上のための政策が展開された。それが1963年7月に公布・施行されたいわゆる「海運再建整備二法」であり、これは「外航二法」ともいう。この二法によって、海運企業が6つの中核体[2]に集約され、企業の経営改善と建造量の増大につながったが、財政融資は外航海運に限られていたため、その後、外航船社が内航海運部門を切り離す「内外航分離」が行われた[3]。1966年には中核となった川崎汽船が川崎近海汽船、大阪商船三井船舶が商船三井近海、1968年には山下新日本汽船が山下新日本近海汽船をそれぞれ設立した。なお、この6つの中核体は、後のコンテナの登場やオイルショック等の環境変化に伴って、現在の商船三井、日本郵船、川崎汽船の3社体制へとさらに集約される。

船腹調整事業といった内航海運への規制は、市場の安定という面で当初は効果があった。しかしそれが長年にわたって継続されたことにより、インダストリアル・キャリアである不定期船において、市場原理が働かない状況が生まれてしまったのは大きな問題であった。

6.3 内航海運の現状と課題

本節では内航海運の現状の問題点として、事業経営の脆弱性、船員不足と高齢化、船舶の老朽化、モーダルシフトの4つについて検討する。

内航海運の業界構造は、よくピラミッド型で表される（図6-2参照）。荷主をトップとして、荷主と運送契約を結ぶ元請のオペレーターがその下にいる。元請オペレーター上位60者の輸送契約量は総輸送量の8割を占めており、圧倒的優位に立っている。さらにその下には、元請と契約する

2　6つの中核体は、大阪商船三井船舶、日本郵船、川崎汽船、山下新日本汽船、ジャパンライン、昭和海運である。

3　弓庭博行（2019）「第39回内航業者団体の変遷⑥」『内航海運』第54巻第1014号、72頁。

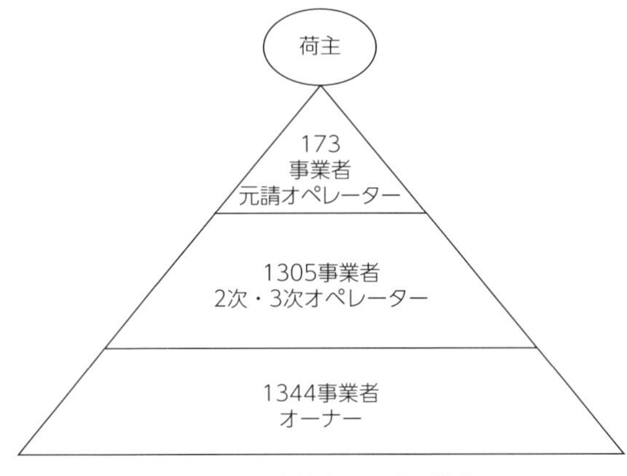

図 6-2　内航海運の業界構造

（注）　2022年3月31日現在。

（出典）　日本内航海運組合総連合会「内航海運の活動・令和4年度版」11頁より作成。

2次・3次のオペレーター、底辺にはオペレーターと用船契約を結ぶオーナーがおり、船舶を建造･所有し、船員を配乗している。このオーナー（登録事業者のみ）の約6割（2022年）が船舶を1隻のみ所有する「一杯船主」であり[4]、大多数が零細規模の事業者で経営状態も良好とはいえない。このように、事業者間で系列化かつ下請化の多重的な取引関係をとることで、仕事量は安定しているが閉鎖的であり、末端のオーナーはほとんど収益を上げられておらず、経営基盤は非常に脆弱である。

船員不足の問題は、20-30年前から存在したとされている。以前は、外航や水産からの流入、60歳以上の船員の継続雇用によって補われてきたが、今後はそれらの供給源にも限界がある。松尾（2021）は、現在の日本の船員不足は業界全体の問題というよりも、もっぱら小規模事業者の小型船（500総トン未満）で顕著であると指摘している。さらに近年は50歳以上の船員が約5割を占め[5]、高齢船員の大量退職に伴う担い手不足も懸念されている。一方で、2009年に「民間完結型六級海技士短期養成制度」

4　日本内航海運組合総連合会（2022）「内航海運の活動・令和4年度版」11-14頁。

5　同上資料、23頁。

という短期間で海技士資格を取得できる制度が創設され、小中高校生などに対してPR活動が行われるなど、船員確保に向けた取り組みが実施されている。それらの成果もあって、20代以下の船員の割合は1990年に11%であったが、2021年には20%と増加傾向にある。

船員の給与は陸上の一般的な雇用労働者と比べて低くはない。しかし、勤務は基本3カ月の乗船と1カ月の休暇のサイクルのため、長期間の労働を余儀なくされ、24時間関係なく海上を航行する船舶では夜間も働かなければならない。乗船期間は船内で寝食を共にするため、プライベートの確保も難しい。船が沖合に出るとインターネットの利用はほとんどできなくなる。近年は、社会と若者の価値観の変化により、特に若年層は給与より労働環境や休暇を重視する傾向にある。このような船上での働き方は若者にとって魅力に乏しいものとなる。

日本では法定耐用年数14年以上の船舶を一般的に老齢船とよぶ。船舶の使用は最大25年といわれているが、船舶部品の調達は年数がたつと難しくなるため、実際は22-23年が限界である。また、使用年数が長くなると修繕費もかかってくるので、それを考慮したうえでオーナーは手放すかを判断する。船舶の長期使用は、故障が生じやすくなるだけでなく、エネルギー効率が悪くなるため、安全問題や環境問題に大きく影響する。2021年度現在で老齢船の割合は隻数ベースで71%であり、それは小型船に多い。1996年時点の43%と比べると船舶の老朽化が進んでいることがわかる[6]。

最後にモーダルシフト推進に関する問題がある。モーダルシフトとは、ある輸送方式（mode）を他の輸送方式に転換（shift）することである。時代とともに転換先の輸送方式は変わってきたが、近年では一般的に、トラック等の自動車貨物輸送を、環境負荷が小さく大量輸送が可能な鉄道や船舶輸送へと転換することを指す。モーダルシフトという言葉は1981年の運輸政策審議会の答申において初めて登場した。それ以降、労働力不足

6　日本内航海運組合総連合会（2022）前掲資料、9頁。

や環境問題への対応のため、長年にわたって推進されてきた。そのため、内航全体の輸送量に成長が見られないなか、モーダルシフトの受け皿となる長距離フェリー、RORO船の輸送量だけは右肩上がりである。しかし、さまざまな政策が打ち出されてきたもののモーダルシフトは思うようには進展していない。それにはいくつかの理由があると関西物流総合研究所編（2018）は指摘する。第1に、鉄道や船舶輸送に適している貨物の大部分はすでに転換されてしまっていること、そして第2に、競争激化によるトラック運賃の低下やトラックとの積替え等のコスト増加により、費用面での鉄道や船舶輸送の優位性が少ないことなどがある。

6.4　これからの内航海運の姿

これまで述べてきたように、現状内航海運には多くの解決が必要な課題が山積している。さらに近年の環境問題や技術発展を受けて、これらの取り組みへの対応も求められている。そこで最後に、カーボンニュートラルと自動化技術の現状を述べ、これからの内航海運のあるべき姿について考察しておきたい。

2020年10月に菅義偉首相（当時）が「2050年カーボンニュートラル宣言」を行ったのは記憶に新しい。この宣言を受けて、内航海運でも「内航カーボンニュートラル推進に向けた検討会」が設置され、2030年度におけるCO_2排出量を902万トン（2013年度比で17％削減）とすることが目標として定められた。日本内航海運組合総連合会においても、日本経済団体連合会の「経団連カーボンニュートラル行動計画」に参画し、ボランタリープランとして、2030年度のCO_2排出量を565万トン（1990年度比で34％削減）とすることが目標として掲げられた。これを達成するため、各企業においてさまざまな船舶の導入が進められている。世界初の電気推進（EV）タンカー「あさひ」が2022年4月に、日本初のLNG燃料フェリー「さんふらわあ　くれない」が2023年1月に就航した。その他、バイオ燃料や水素・アンモニアを燃料として用いた船舶の開発も進められている。

従来の船舶の燃料は重油が一般的で、燃焼過程において大量のCO_2を排出していた。それを単位当たりのCO_2排出量が少ないLNGや水素、アンモニア等に転換したり、「あさひ」のようにエンジンの代わりにバッテリーを搭載したりすることによって、その船舶からのCO_2排出量を削減することが可能となる。2050年までにカーボンニュートラルを実現するためには、船舶を最大で25年使用すると仮定すると、これから建造する船舶はまったくCO_2を排出しないものでなければ間に合わない状況にきている。

近年、自動車において自動運転の実現に向けた研究開発が注目されているが、海事分野も同様である。内航海運業界では、高度船舶安全管理システム（主機の運転状況などのデータを陸上から監視することで、トラブルの予兆診断などを行うシステム）や船橋で集中制御が可能なデジタル電動ウインチの開発、荷役を船橋等で集中管理するシステムなど、船内における船員の作業負荷を軽減するための取り組みが実施されてきた。現在は船舶の自律運航に向けた自動操船技術の開発も行われている。例えば、日本財団の無人運航船プロジェクト「MEGURI2040」では、2022年1月24-25日に内航コンテナ船で福井県敦賀港から鳥取県境港までの無人運航実証実験を成功させた。しかし、これらの取り組みは一部の企業において行われているものであり、大多数の事業者にとっていまだ現実的な話とは言い難い。

2021年8月に暫定措置事業が終わり、内航船舶の建造が54年ぶりに自由化された。紙幅の関係上述べることができなかったが、「海事産業の基盤強化のための海上運送法等の一部を改正する法律」（令和3年法律第43号）による2022年4月の内航海運業法等の改正で船員の働き方改革、船舶管理業の登録義務化も開始された。これらによって内航海運が新たなフェーズに入ったことは確かであり、事業者間の競争の促進や安全管理体制への対応によって、これまでの業界構造も大きく変化すると考えられる。さらに、カーボンニュートラルや自動化技術などへの取り組みはコスト面の障壁が大きいが、新たなビジネスチャンスを生み出す可能性を秘めたものでもある。事業者が生き残りをかけてこれらに取り組むことが、現在の事業経営の脆弱性をはじめとする諸問題を解決する糸口になるであろう。

参考文献

関西物流総合研究所編（2018）「内航海運・フェリー業界の現状と課題――内航海運・フェリーの希望ある明日のために」第 2 号。

笹木弘（1984）『機帆船海運の研究』多賀出版。

松尾俊彦（2021）「小型内航船の船員確保問題と制度的課題」『海運経済研究』第 55 号、1-10 頁。

コラム

船舶事故と海の安全

本章の対象は、日本の近海・内海において貨物輸送を担っている、内航海運である。他の運輸モードのそれと同様に、内航海運の基本的役割も、安全で安定的な輸送を提供することで社会に貢献することにある。

船舶事故は、関係者の継続的な安全性向上の取り組みによって、趨勢的に減少のトレンドにある。内閣府の『交通安全白書』によれば2021年の船舶事故隻数は1,932隻、それによる死者・行方不明者は53名である。事故隻数のほとんど（約8割）はプレジャーボートや漁船・遊漁船などの小型船である。

2022年4月23日、北海道・知床沖で遊覧船の沈没事故が発生した。その犠牲者は26名に達し、観光船としては2011年の天竜川川下り船の転覆事故（5名死亡）以来の大惨事となった。この事故を受けて国土交通省海事局は直後に、外部の専門家からなる「知床遊覧船事故対策検討委員会」を立ち上げた。そして、同委員会での議論を踏まえ、2022年12月22日に58項目に及ぶ旅客船の安全強化策を打ち出した。

これとは別に、運輸安全委員会も事故の再発防止を目的とする調査を続けている。海の安全を向上させるために、同委員会による充実した事故調査が進捗することを期待したい。

《文献ガイド》

1. 森隆行編著（2014）『内航 海運』晃洋書房。
   本章が対象としている内航海運の全体像を摑むには最適の文献。
2. 畑本郁彦・古莊雅生（2021）『内航海運概論』成山堂書店。
   本書も上記文献と同様に、内航海運の全体像を摑むには格好の書籍。
3. 内閣府『交通安全白書』（各年版）。
   船舶事故の概観を知るうえでの基本的資料（内閣府のホームページで閲覧可能）。

第7章

地域社会のサステナビリティと まちの姿

7.1 地域社会とコミュニティの変容

わが国で「コミュニティ」という言葉が一般に流布したのは、1969年の国民生活審議会調査部会コミュニティ問題小委員会の答申「コミュニティ：生活の場における人間性の回復」といわれている。この1969年の答申が出された背景には、国民生活優先の原則が機能不全に陥っていたことが挙げられ、高度経済成長下における産業構造と地域構造の変化が、国民生活の場にも重大な影響を与えたとされている。

現在では、上記の答申から半世紀以上経過しているが、1章でも指摘されていたように、人口減少や高齢化、地域インフラの衰退など、国民（住民）生活をめぐる諸課題はなお複雑化・深刻化している。とりわけ公益事業は、日常生活にとって必要不可欠なサービスを供給する事業でありながら、例えばCOVID-19の影響によって、地方鉄道をはじめとする地域交通が大きな影響を受けているように、住民の暮らしの近くにある諸サービスの維持や存続が危ぶまれている。

中央集権による弊害が1980年代頃から目立つようになったわが国では、① 東京一極集中による影響(弊害)、② 地方で独自の政策を実行しにくい、③ 地方のニーズにあった政策を実施しにくい、という3点を背景として、住民に身近な行政はできる限り地方公共団体に委ねる、すなわち地方分権が推進されることとなった（杉浦、2016)。こうしたなかで、1990年代中盤以降に、住民参加を重視した総合計画の策定や、広義でのまちづくりや「参加」に関する自治体独自の条例制定、地域自治に関わる新たな制度の試みが展開されてきた（羽貝、2007)。

特に規模が比較的大きな都市では、行政のコミュニティ施策や生協運動の広がりなどがあった一方で、地方分権改革以降は、離島や限界集落、地方の村落や中小都市において、ソーシャル・ビジネスや移住促進の取り組みが全国的な注目を浴びるようになったとされている。こうした背景には、中央政府の補助に頼ることができず「自分たちで何とかしなければならないという危機感」（玉野、2019：80）があったとされている。

後述の京都府北部のケーススタディにおいても、住民参加によるボランティア型の輸送でモビリティ（移動性、移動可能性）の確保が図られていることに言及するが、1章で指摘されていた公益事業の抱える需要減少に関わる諸問題や労働力不足という課題に対し、地域が主体となって対応している現状がある。特に地域社会のサステナビリティと公益事業という観点からは、行政や民間企業のみでサービス供給を行うのは現実的ではなく、課題解決に向けては、必要に応じた住民参加や、地域主体によるサービスの補完が求められている。

本節では、ここまで地域社会とコミュニティの変容について概観してきたが、次に、京都府北部のケーススタディを通じて、住民参加による公益事業財・サービスの供給の維持に関する政策的・実践的示唆の導出を試みる。

7.2 持続可能なまちづくりを考える——京都府北部の事例から

京都府北部では、人口減少や高齢化の進行が顕著であり、深刻な過疎化や限界集落の増加や、中心市街地の衰退などが主要な地域課題として位置づけられる（京都府北部地域連携都市圏形成推進協議会、2021)。一方、地域交通の文脈では、京都府北部で非営利組織が中心的な役割を果たし、例えば住民協議会による「自主運行バス」が舞鶴市では1973年から、隣接する福知山市では1994年から運行され（高橋、2006）、近年でも地元住民中心に構成されたNPOによる自家用有償旅客運送が展開されるなど、地域主体の取り組みが積極的に行われてきた地域でもある。

以上の地域概況を踏まえて、本節では持続可能なまちづくりを主題として、地域主体で取り組む2つの事例を取り上げる。第1に、京丹後市の自家用有償旅客運送「ささえ合い交通」、第2に、舞鶴市の地域共生型MaaS（Mobility as a Service）"meemo"で、いずれも地元住民がドライバーとなって運行している取り組みである。

京丹後市「ささえ合い交通」は、丹後町地域まちづくり協議会を基礎として、主に地元住民によって構成されるNPO法人「気張る！ふるさと丹後町」が主体となって、2016年5月から運行されている自家用有償旅客運送である。NPOでは、住民自身の手が知恵と力を共有し、住民自身の手でまちづくりを進めていくことを目指している[1]。

市の最北部に位置する丹後町では、2008年にタクシー事業者が撤退して以降、「タクシー空白地」が大きな地域課題として存在していた。同市では「上限200円バス」が運行されているものの、高齢者にとっては停留所まで歩くことが困難であることや、運行本数が限られており、バス交通にも課題があった。

こうした問題に対応するため、2016年からささえ合い交通の運行が開始され、18人のドライバー（NPO会員外の住民含む）と、電話予約と代理配車を担うサポーター[2]によって、高齢者を中心とする地元住民のモビリティ確保に努めている。NPOによれば、運行開始以降の6年間を無事故無違反で、住民をはじめ観光客のスムーズな移動を実現しており、地域外からの来訪者にも丹後町内の案内などを行っている（写真7-1）。先述のように、NPOの会員外の住民をドライバーや代理サポーターとして巻

1　気張る！ふるさと丹後町「NPOの活動」、http://kibaru-furusato-tango.org/npo-activity/（2022年12月20日閲覧）。

2　ささえ合い交通では配車アプリとしてウーバー（Uber）アプリを導入しているが、スマートフォンを持たない高齢者に対して、サポーターによる代理配車で対応している。

写真 7-1　ドライバーが来訪者に丹後町内を案内する様子

（撮影）野村実

き込みながら、文字どおり「住民自身の手でまちづくりを進めている」取り組みといえる。

次に、舞鶴市の地域共生型 MaaS “meemo”（ミーモ）の事例であるが、西舞鶴地域の一部地区を対象として、地元住民 29 人がドライバーとして住民送迎を実施している。特に、従来は家族内や一部の知人のみにとどまっていた住民送迎を、舞鶴市とオムロンソーシアルソリューションズ（OSS）との協働のもとで、地域全体での共助の仕組みの構築を試みている点と、バスやタクシーなどの公共交通の補完を試みている点が特徴である。

継続的な実証実験の結果、実施地区から meemo の継続実施の要望書が提出され、地域協議会が運営主体となったスキームへの移行が図られている（図 7-1）。また、市の地域公共交通計画でも（将来的な）「区域型自家用有償運送」として、とりわけ市内の周辺地域での meemo の事業化によるラストマイル輸送の課題解決策が位置づけられており（舞鶴市公共交通ネットワーク会議、2021：16）、中心市街地は公共交通、周辺地域は共助による住民送迎という役割分担による効率的な運行とより多くの住民への

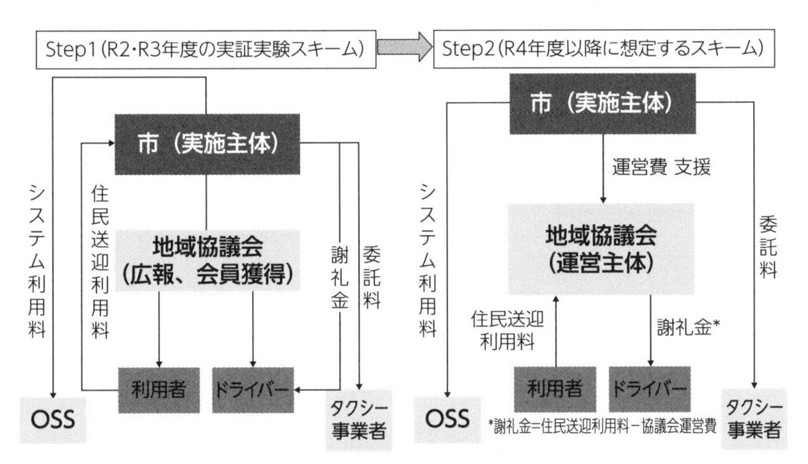

図 7-1　舞鶴市地域共生型 MaaS "meemo" の現行スキームおよび将来的なスキーム

（出典）舞鶴市企画政策課提供資料より筆者作成。

モビリティ確保が期待される。

２つの事例からは、特に地方部において行政や民間企業のみでのサービス供給が難しい場合に、日常生活に必要不可欠なサービスの補完が地域主体で実施されてきたことがわかる。もちろん、行政や、専門的なノウハウを持つ民間企業がサービスの担い手として機能するのであれば、それに越したことはないが、人口減少の進む過疎地域や中山間地域では、これらの従前のアクターのみで課題解決を図ることは困難であり、こうしたケースで、地元住民や地域協議会といったローカル・アクターの取り組みが求められている。

7.3　これからの地域社会とまちの姿

ここまでの地域社会とコミュニティの変容の論点整理およびケーススタディを通じて、本章では最後に、これからの地域社会とまちの姿について、PPPP（官民・市民連携）の視点から公益事業財・サービスの供給と維持の方策を検討する。

このPPPPは、公共政策や参加型ガバナンスの文脈で用いられており、都市部でのレジリエンスの構築プロセスに関する研究（Marana et al., 2018）や、MaaSのビジネスモデルに関する研究（Aapaoja., 2017）などでもこの概念が提示されており、PPP（官民連携）の拡張モデル、あるいはPPPにPeople（市民・住民）が加わったパートナーシップの一形態といえる。

MaaSのエコシステムとステークホルダーの役割について整理しているEckhardt et al.（2020）によれば、PPPPの利点は、交通サービスの供給が制限されている地域で（個別化された移動サービスによるドアツードアの輸送等によって）より顕著となることを指摘する。またEckhardt et al.（2020）は、PPPPにおけるPeople（市民･住民）は、「プロシューマー（生産消費者）」としてモビリティサービスを消費し、生産する積極的な利害関係者であるともしている。

改めて先述のケーススタディを概観すると、例えば京丹後市のささえ合い交通では、行政（市）がコミュニティビジネス応援補助としてスタートアップを支援しているほか、スマートフォンアプリのウーバー[3]を活用しており、民間事業者による効率的な配車へとつながっている点も特徴である。また舞鶴市のmeemoの取り組みでも、図7-1で示しているように、行政や民間事業者（アプリ・交通）と市民・住民の連携が緊密になされており、サービス供給が十分でない地域でのPPPPによる解決策の１つのモデルといえる。

またプロシューマーという観点からは、現在はドライバーとして参画している地域住民も、（高齢になった際等の）将来的な消費者として位置づけられ、同じ市民・住民とはいえども生産者と消費者という２つの側面があり、「支える側／支えられる側」を越えた協働に基づく住民間の関係性

3　諸外国ではライドシェアのアプリとして知られているが、「日本では『白タク行為』と判断されるライドシェアの事例とは、似て非なる存在」（髙橋・野村、2020）である。

の構築と地域社会の維持・発展が期待される。

以上のように本章では、地域社会のサステナビリティとまちの姿を主題として、京都府北部の事例から、PPPP のあり方や地域社会の展望について考察してきた。改めて地域社会の現況を整理すると、地方分権改革以後、住民に身近な行政はできる限り地方公共団体に、という流れのなかで、特に地方の村落や中小都市などでは「自分たちで何とかしなければならないという危機感」（玉野、2019：80）のもとで住民主体の取り組みが展開されてきた。

今回取り上げた２つの事例は、いずれも地域交通や住民のモビリティに焦点を当てたものであったが、上記の地域社会の状況の変化や危機感のもとで取り組まれてきた実践であり、特に官民と市民が連携と協働を重ね、課題解決を模索しようとする点は、他地域や他の分野にも積極的な示唆をもたらすものと考えられる。こうした取り組みが、半世紀前に提示されてなお複雑化・深刻化する「国民生活優先の原則」を再度問い直し、多様なアクターのもとで公益事業の持続可能性を議論していくことにつながることを願っている。

参考文献

Aapaoja, A, Eckhardt, J, & Nykänen, L. (2017) "Business models for MaaS," Proceedings of 1st international conference on Mobility as a Service.

Eckhardt, J., Aapaoja, A., & Haapasalo, H. (2020) "Public-Private-People Partnership Networks and Stakeholder Roles Within MaaS Ecosystems," In *Implications of Mobility as a Service (MaaS) in Urban and Rural Environments: Emerging Research and Opportunities*, pp. 21–50, IGI Global.

Marana, P., Labaka, L., & Sarriegi, J. M. (2018) "A framework for public-private-people partnerships in the city resilience-building process," *Safety science*, Vol. 110, pp. 39–50.

京都府北部地域連携都市圏形成推進協議会（2021）「第２期京都府北部地域連携都市圏ビジョン」。

杉浦勝章（2016）「地方分権による地域再生」山﨑朗ほか著『地域政策』第 13 章、中央経済社、207–221 頁。

髙橋愛典（2006）『地域交通政策の新展開 ――バス輸送をめぐる公・共・民のパートナー

シップ』白桃書房。
髙橋愛典・野村実（2020）「京丹後市「ささえ合い交通」の取り組みとその背景――「日本初のUber」はライドシェアなのか？」『運輸と経済』第80巻第2号、53-60頁。
髙橋愛典・野村実（2021）「住民送迎におけるICT活用と地方版MaaS――地域活性化とモビリティ向上を目指して」『自動車交通研究』30-31頁。
玉野和志（2019）「地方分権改革とコミュニティの対応」『都市とガバナンス』第32号、77-83頁。
野村実（2021）「地方における多様なモビリティの模索」切通堅太郎･西藤真一･野村実･野村宗訓『モビリティと地方創生』第Ⅲ部、晃洋書房、107-166頁。
野村実（2022）「地方部におけるモビリティ政策」『国際公共経済研究』第33号、39-46頁。
羽貝正美（2007）「基礎自治体の新しい地平」羽貝正美編著『自治と参加・協働』序章、学芸出版社、8-30頁。
舞鶴市公共交通ネットワーク会議（2021）「舞鶴市地域公共交通計画」。

コラム

公益事業研究の学際性

本章は伝統的な公益事業の１つである交通をテーマとしつつも、「地域社会（コミュニティ）」「まち（づくり）」といった用語がタイトルからして頻出し、住民に焦点が当てられています。それもそのはず、本章は社会学や社会福祉論を視点に据えた研究成果だからです。さらには、自治体や地方自治制度など、地域社会やまちづくりの前提となる事柄についても触れられています。

ひるがえって、公益事業学会とそこでの研究はこれまで、経済学と経営学を両輪としてきました。学会の英文名称は “Japan Society of Public Utility Economics” で、経済学をはっきりと謳っています。日本における公益事業の研究では例えば、公益企業の経営・運営と効率評価、料金・運賃の制度と公益企業の経営健全性の関係が多く取り上げられ、経済学と経営学（ときには会計学）の理論を公益事業に適用する分析がなされてきました。日本の多くの大学では、交通・通信、電力・ガスといった公益事業の科目が、商学や経営学の各論科目であったという伝統もあります。さらに、独占禁止法や消費者保護に関わる法制度となると、論点は法律学にも及びます。

つまり公益事業の研究は、純粋な技術・工学系の議論は他の学会に任せるとしても、公益事業という共通の研究対象に向かいさまざまなアプローチが可能であり、もともと学際的です。本章のような地域社会を取り込んだ議論では、歴史学、地理学、民俗学も有用でしょう。えっ民俗学？とお思いの読者の方は、島村恭則『みんなの民俗学』（平凡社新書、2020）に出てくる小樽の水道マンの話（pp. 99-103）を是非ご一読ください。本章の MaaS にみられるような情報通信技術の発展に対応するためにも、さらに多くの分野の知見を活用してこそ、公益事業・企業の研究が現場に追い付き、事業経営のみならず地域社会の未来を切り開いていくに違いありません。

《文献ガイド》

1. **青木亮編著（2020）『地方公共交通の維持と活性化』成山堂書店。**
   地方公共交通の近年の動向（ただしコロナ禍直前まで）が事例に沿って取り上げられています。
2. **切通堅太郎・西藤真一・野村実・野村宗訓（2021）『モビリティと地方創生 ──次世代の交通ネットワーク形成に向けて』晃洋書房。**
   『公益事業研究』第73巻2号と『国際公共経済研究』第33号に掲載の書評もご覧ください。
3. **野村実（2019）『クルマ社会の地域公共交通』晃洋書房。**
   第7章の著者による博士論文が書籍になったものです。
4. **髙橋愛典（2006）『地域交通政策の新展開』白桃書房。**
   上記コラムの著者による博士論文が書籍になったものです（2002年の乗合バス規制緩和の直後）。
5. **福田晴仁（2005）『ルーラル地域の公共交通』白桃書房。**
   本書も博士論文が書籍になったものです。地方公共交通とその政策が陸・海・空にわたって網羅されています。

第8章

新しい公益事業の姿 (PFIとPPP)

8.1 はじめに――公益事業におけるPPP/PFI

(1) PPP/PFIの意義

本章では、公共と民間企業が連携して事業運営にあたるPPPやPFIといった事業手法を活用して公益事業の課題解決を図る取り組みについて扱う。まず、公益事業でPPP/PFIが求められる背景からその活用意義を明らかにする。

従来の公益事業は、例えば電気事業やガス事業、鉄道事業などの多くは民営、水道事業や道路・空港など交通インフラの多くは公営、というように官民でのすみ分けが行われてきた。そのなかで、民営の事業に対する政府からの運営費補助や、公営の事業の一部を民間企業に業務委託する事例などはあったが、近年では多くの社会課題が顕在化し、これまでのような官民のすみ分けを前提としつつ委託や補助でお互いを補完し合うだけでは十分に対処できない状況が生じてきている。この社会課題とは、1章でも述べられていたように、労働力不足、施設の老朽化、カーボンニュートラルへの対応、災害リスクへの対応などである。

こうした状況下にある公益事業において活用されているのが、PPPやPFIである。これらは、官と民がお互いの得意を活かす形で役割分担することで社会課題の解決を図るものである。お互いの得意を活かすとは、次のようなことが考えられる。例えば、労働力不足という問題との関連で、公営事業を営む自治体で人員削減によって技術力を有する専門人材の不足が生じている場合でも、民間企業側では複数自治体の業務をまとめて請け負うことで個別に業務を受託するよりも専門性を有する人員を多数雇用することができ、ノウハウの蓄積や技術開発の進展が期待できる。一方、公益事業の利用者である各地域の住民の細かなニーズや施設の老朽化の現状、災害リスクなど地域ごとに異なる事情について把握することは自治体に優位性があり、それに基づく事業全体の計画立案については官が担うことが望ましい場合もある。また、カーボンニュートラルへの対応のように、産業をまたぐ技術を結集させる必要がある場合には、国など官が主導的に進める必要があるだろう。

PPP や PFI では、上記のような官民それぞれの得意分野を活かす形での役割分担を行うが、両者の間で契約を結んで事業を遂行することになる。そのため、官民で事業実施における責任の範囲が明確化され、また、想定されるリスクについて両者の分担を事前に取り決めることで円滑な事業実施が期待できるということが、PPP や PFI の意義である。なお、リスク分担のあり方については本章 2 節で改めて論じる。

(2) PPP/PFI の現状

ここからは、内閣府の公表資料（PPP/PFI の概要[1]、PFI の現状[2]）を用いて PPP/PFI の事業スキームと現状について概観する。これらの資料によると、PFI とは 1999 年に施行された「民間資金等の活用による公共施設等の整備等の促進に関する法律」（いわゆる PFI 法）に基づいて実施されるもので、公共施設や公用施設などについて民間の資金やノウハウを活用して効率的に整備を行うためのものである。

図 8-1 は、PFI の代表的なスキームを示している。事業主体である公共

---

1 https://www8.cao.go.jp/pfi/pfi_jouhou/pfi_gaiyou/pdf/ppppfi_gaiyou.pdf（2023 年 4 月 28 日閲覧）.

2 https://www8.cao.go.jp/pfi/pfi_jouhou/pfi_genjou/pdf/pfi_genjyou.pdf（2023 年 4 月 28 日閲覧）.

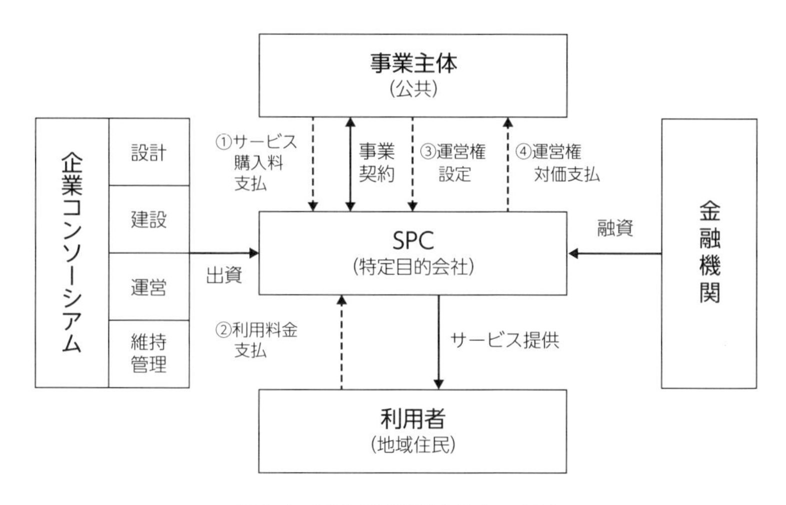

図8-1　PFIの代表的なスキーム図

（出典）筆者作成。

は、設計や建設など複数の業務を実施する企業で構成された企業コンソーシアム（企業連合）の出資によるSPC（Special Purpose Company: 特定目的会社）と事業契約を締結する。それに基づいてSPCは金融機関などから資金調達したうえで、利用者に対して公共サービスを提供する。この時、サービス対価の支払い方法によってPFIはサービス購入型と独立採算型に分けられる。サービス購入型では、公共側は建設費や運営費の総額を「公共サービス提供の対価＝サービス購入料」として契約期間中に按分してSPCに支払う（①の矢印）。独立採算型は、事業を請け負ったSPCが公共サービスの利用者から利用料金を徴収して事業を実施する方式である（②の矢印）。独立採算型には、公共側がSPCに対して公共施設の運営権を設定し（③の矢印）、それに基づいてSPCが公共施設の運営を行うコンセッション方式も含まれる。この場合、SPCは運営権対価を公共側に支払うことになる（④の矢印）。

PPPは、PFIよりも広い概念である。例えば、PFIは民間資金によって事業が実施されるが、PPPではそれがない事業も含まれるため、設計施工の一括発注であるDB（Design Build）方式や、そこに施設運営まで加えるDBO方式、あるいは施設整備を含まない指定管理者制度や包括的民間委託などもPPPである。

このように、PPPは多岐にわたるため実施状況を示す集計的なデータはあまり見られないが、PFIはPFI法に基づいて実施されるため内閣府によって事業数などが集計・公表されている。内閣府の最新の資料によると、2022年3月末までに932事業の実施方針が公表されており、契約金額は累計で7兆4283億円となっている。このうち、コンセッション方式は累計で46事業となっている[3]。

政府は、PPP/PFIの活用を促進するため、2022年6月に「PPP/PFI推進アクションプラン（令和4年改定版）」を公表した。そのなかで多様なPPP/PFIの展開を掲げており、本章と関連する分野では、新しい政策課題への対応としてのカーボンニュートラル、地域交通、インフラの維持管理分野などが挙げられている。さらに、推進の目標として2022年度からの10年間で事業規模30兆円を目指すとし、特にコンセッション方式では7兆円の目標を掲げている。そのための重点分野にも空港、上下水道といった公益事業分野が並んでいることから、公益事業におけるPPP/PFIは国の施策としても重要視されていることがうかがえる。

(3) 公益事業における活用例

(2)では、政府がPPP/PFIの活用促進を目指していることや、公益事業も重点分野に含まれていることなどを述べた。ここで、現在までの公益事業での活用事例を整理する。

公益事業のなかでも特にPPP/PFIの活用が進んでいる分野の1つは、空港である。空港では、仙台空港など2022年3月末までに12件のコンセッション事業が開始されている。また、同じく交通インフラでは愛知県の有料道路コンセッションの事例もある。上下水道事業でのコンセッション方式については、浜松市など下水道で4件、宮城県での水道1件などの事例

3　https://www8.cao.go.jp/pfi/whatsnew/kiji/jigyoukensuu_r3.html（2023年4月28日閲覧）.

がある。また、上下水道事業においては、コンセッション方式以外にも、管路の更新に関して設計施工を一括発注する管路 DB とよばれる方式や、浄水場の維持管理更新に民間資金を活用する PFI 事業、さまざまな業務を一括で民間事業者に委託する包括委託などによって PPP/PFI の導入が進んでいる。

このほかに、カーボンニュートラルへの対応として、下水汚泥などを利用して再生可能エネルギーであるバイオガスを取り出して発電に活用する事業なども PFI で行われており、豊橋市などで事例がある。また、ガスのカーボンニュートラル実現に向け、水素と CO_2 からメタンを合成する「メタネーション技術」について海外サプライチェーンの構築やコスト低減を目指して多様な民間企業と国が連携して取り組むために設置された「メタネーション推進官民協議会」のような事例も、官民の得意を活かして社会課題に取り組む PPP の 1 つであると捉えることができる。

このように PPP/PFI の活用は公益事業の多くの分野で進んでいる。また、先述の社会課題が今後さらに顕在化する可能性を考えると、ますます多くの活用が求められているともいえる。次節では、今後のさらなる活用に向けて検討すべき論点を 2 点挙げて解説する。

8.2　PPP/PFI をめぐる論点

(1)　官民の契約におけるリスク分担

1 つ目に取り上げる論点は、官民のリスク分担についてである。8.1 で述べたように、官民でそれぞれの得意を活かして役割分担するのが PPP/PFI である。では、どのように両者の得意分野のノウハウを引き出すことができるのか。特に、従来は公共が主体となって取り組んできた事業に民間企業の参画を促し効率的な事業運営を実現しようとする場合には、民間企業の技術力や運営のノウハウを引き出すことが必要不可欠である。

一般に、公共が事業を行う際には社会厚生を最大化するように行動すると想定される。一方で、民間企業は利潤を最大化するように行動するだろう。この両者の行動原理を踏まえ、公共の目的と整合的な民間企業の行動を引き出すことが必要となる。これは経済学的には「インセンティブ設計」とよばれ、官民のリスク分担をめぐる契約の問題として捉えることができる。例えば、工事遅延が生じた場合の損失をすべて民間企業が負担するような契約となっていれば、民間企業は遅延を回避するために最大限の努力を行うであろう。しかし、その工事遅延の要因が本当に民間企業の責任とすべきものなのか、例えば行政側の発注内容に起因して生じる遅延があった場合でも民間企業の責任と明記されていたら民間企業に適切な努力を促すことができるだろうか。そもそも、そのような契約内容を民間企業は承知して契約を締結するだろうか。

このように、インセンティブ設計においては、一定のリスクを民間企業に負担してもらうことで努力を引き出せる可能性があるが、過度に民間企業にリスクを負わせればよい訳ではない。理論的には、その契約の下で公共の目的と合致した民間企業の行動が引き出せる場合には誘因両立性制約が満たされるといい、その契約に参加する方が民間企業にとっても望ましくなることを企業の参加制約を満たすという。この2つの制約を満たすような契約については、契約理論とよばれる分野で研究が進められている。そのなかでも特にPPP/PFIへの応用を念頭に行われた研究には、Hart (2003) やIossaら(2011) があり、筆者もそのモデルを応用した研究を行っている（原田、2017；Harada, 2019)。これらの研究は、インフラの建設と運営を一体化したPPP/PFIでは、インフラに対する需要の変動による収入減少のリスクの一定程度を民間企業にも負わせることで、インフラの質を改良するための投資を促進できることを示唆している。また、需要の変動を事業者の努力によってコントロール可能なもの（インフラの質やサービス水準によって変動するもの）と不可能なもの（例えば感染症の流行による需要減少など）に分け、民間企業に負わせるべきは前者のリスクであることも指摘している。

こうした研究の多くはコンセッション方式など独立採算型の事業を想定したものとなっているが、このインセンティブ設計の考え方をサービス購入型にも応用する事例の1つといえるのが、指標連動方式の導入である。2022年5月に内閣府から出された「指標連動方式に関する基本的考え方」によると、これは「管理者等が求めるサービス水準に関する指標を設定し、サービス対価の一部または全部が、当該指標の達成状況に応じて決まる方式」のことである[4]。その具体例として、公共施設の修繕業務の対応箇所を確認してから何日以内での対応がなされなければ減額、イベント開催回数の基準を満たせば増額、満たさなければ減額、などを挙げている。

このように、PPP/PFIでは民間企業の有する技術力や運営のノウハウを引き出すことが重要であるとの認識から理論的な研究も進んでおり、実務的にもそれを引き出す取り組みが行われている。

(2) 公益事業の現状に対する住民理解

2つ目の論点として挙げるのは、8.1の冒頭で説明したような課題が公益事業で生じていることを利用者である住民が理解しているのか、ということである。その理解がない場合、なぜPPP/PFIが必要なのかを理解できず、特にこれまで公共が事業を運営してきた場合には「今までどおりでいいのではないか」という意見を持ちやすいだろう。そのため、公益事業でPPP/PFIを進めることについて住民の理解を得るためには、そもそもの課題を認識してもらうことが重要である。

その点について、筆者は淑徳大学の渡邊准教授（アンケート実施時は石巻専修大学所属）とともに水道事業に対する意識について学生へのアンケート調査を実施した。アンケートは、水道事業での唯一のコンセッション方式導入地域である宮城県など4つの地域の大学生を対象に行い、合計で365名から回答を得た。詳細は渡邊・原田（2023）で紹介しているが、特に注目すべきは水道事業が直面している経営課題の認知度の低さである（図8-2）。アンケートでは、人手不足、管路の老朽化、財政難の3つの経営課題について、それぞれ知っているかどうかを聞いたが、知っていると

4　https://www8.cao.go.jp/pfi/manual/pdf/manual_shihyorendo.pdf（2023年4月28日閲覧）.

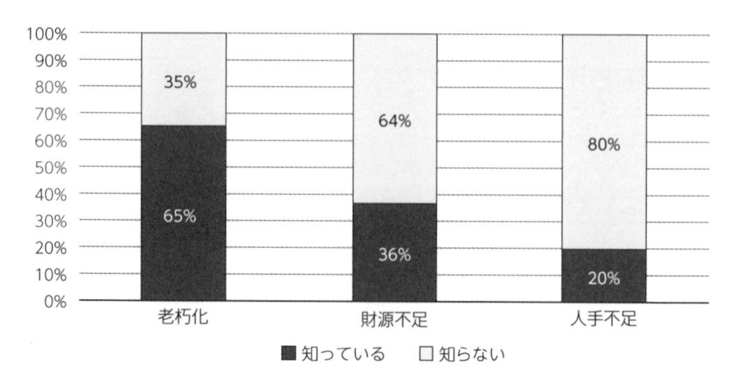

図 8-2　水道事業の経営課題の認知度

（出典） 渡邊・原田（2023）をもとに作成。

の回答は、老朽化で65%あったものの、財政難では36%にとどまり、人手不足にいたってはわずか20%だった。もちろんこれは学生という限定的な対象に行ったアンケートの結果ではあるが、その後に進めているより幅広い年代を含むアンケート調査でも類似した傾向を示しており、経営課題のなかでも特に人手不足についての認知度はかなり低いという現状が示唆される。

PPP/PFIは、これまでの公益事業の運営のあり方を変えるものである。公益事業は住民の生活に密接にかかわるものであり、その運営のあり方が大きく変わるというときには、住民が不安になることも考えられる。実際に、浜松市では住民の理解が得られないことを理由に水道コンセッション導入の議論が無期限延期になっている。PPP/PFIの活用促進のためには、当該事業が抱える経営課題、従来の事業方式ではその課題解決ができない理由、PPP/PFIがその課題解決に資すると考えた理由、などを住民にしっかりと説明していくことが重要である。

8.3　まとめ

本章では、公益事業の新たな姿として、官民の役割分担による課題解決を目指す取り組みとしてのPPP/PFIについて紹介した。PPP/PFIは、公共と民間企業がそれぞれの得意を活かして協働するものであり、公益事業でもすでに多数の事例がみられる。

今後のさらなる活用に向けては、2つの論点を取り上げて解説した。官民のリスク分担については、契約においてインセンティブ設計の考え方が重要となること、そのために実務でも指標連動方式の導入が図られていることなどを紹介した。また、公益事業の利用者である住民にこれまでとは異なる運営形態であるPPP/PFIの導入を理解してもらうためには、経営の現状を認識してもらい、これまでの経営方式では十分に課題に対応できないことやPPP/PFIがその課題対応の1つの手段となりうることなどを説明していくことが重要であることを指摘した。

最後の課題に関しては、公益事業学会としても、公益事業の現状やPPP/PFIの成果と課題などについての研究成果を蓄積し、社会に示していくことが必要であると考えられる。

参考文献

Harada, S.（2019）“Theoretical Study on Public Concession Contracts in Japan,” *International Journal of Transport Economics*, Vol. 46, No. 1, 2, pp. 37-45.

Hart, O.（2003）“Incomplete Contracts and Public Ownership: Remarks, and an Application to Public-Private Partnership,” *The Economic Journal*, Vol. 113, pp. C69-C76.

Iossa, E. and Martimort, D.（2011）“The Theory of Incentives Applied to the Transport Sector,” Palma, Lindsey, Quinet, Vickerman（ed）, *A Handbook of Transport Economics*, Edward Elgar Pub.

原田峻平（2017）「コンセッション方式の制度設計に関する理論的考察」『交通学研究』第60巻、143-150頁。

渡邊壽大・原田峻平（2023）「水道事業に対する住民意識の把握――学生アンケートに基づく考察」『石巻専修大学経営学研究』第34巻、21-27頁。

コラム

なんちゃってPFI

1999年にPFI法が成立し、いくつかの事業がスタートした。その当時しばしば耳にしたのが「なんちゃってPFI」という表現である。言いたいのは、「PFIの形式であるが本当のPFIではないもの」、というところであろうか。

官民、公民が連携して事業を進めるPFI/PPPの本質は、両者のリスクの分担である。民間の創意工夫の発揮、一括発注によるライフサイクルコストの低減、結果としてのVFM（Value for Money：事業をPFIで行うことによって実現する財政出の縮減）の発現。PFIがもたらすメリットは数々ある。ただ、その裏に潜んでいるのは、事業リスクとそれを負うことに対する報酬の構造である。これが、この事業方式を「発明した」イギリスにおける考え方であった。

振り返れば、導入当初のわが国のPFIは、例えば庁舎の整備のように、設計、建設、維持管理等これまで段階発注で行われてきた施設性を一括発注に変更しただけであった。施設整備対価は、発注者（公共）側から割賦払いで事業者に支払われる。いわゆる「サービス購入型」とよばれる形態が大半を占めた。事業リスク自体が少なく、また事業者がそれを負う部分がほとんどない、「PFIらしきもの＝なんちゃってPFI」だったのである。

それでも、施設整備費の削減によるVFMの発揮など一定の成果があったのも事実であろう。ただ、コンセッション事業等独立採算型の事業が重視されるようになって転換期が訪れた。コンセッション制度は2012年の法改正で導入され、仙台空港に始まる空港運営で広く用いられるようになった。それは、民間運営による効率性と事業革新の導入という点で成果を上げ、他分野での採用もみられるようになった。「独立採算」から明らかだが、リスク分担という点でも、コンセッションは本来のPFIの特性を備えている。

このようななかでのコロナ禍の到来である。言うまでもなく、COVID-19によるパンデミックは想定外のリスクではあった。特に、移動制限が直接影響する空港運営において「コロナ対策」は致命的なリスクであり、PFIの脆弱性と捉えられた。しかし、それでも事業者は公的支援もあり何とか耐えた。PPP/PFIにおけるリスク分担についての真の難しさを示す事例であろうか。

《文献ガイド》

1. 山内弘隆編著（2014）『運輸・交通インフラと民力活用 —— PPP/PFIのファイナンスとガバナンス』慶應義塾大学出版会。

   経済学の観点からPPP/PFIを分析し、内外の豊富な事例を紹介することによって、この手法の本質を理解することができる。

『公益事業の再構築』出版に寄せて

この度、公益事業学会関西若手研究会による『公益事業の再構築』が出版できるはこびとなったことに関西部会長としてこのうえない喜びを感じています。

関西部会若手研究会は、2013年に全国のなかでもこの分野の若手研究者が集積しつつあった関西で研究アイディアを出し合い、自由闊達な研究交流を行う場として発足しました。当時発足に尽力された水谷文俊・草薙真一両先生、以降この会を暖かく見守り、育ててくださった多くの先生方に深く感謝をするとともに、今回の出版のリーダーとしてメンバーを叱咤鼓舞された爲近英恵編集責任者をたたえたいと思います。

本文中にあるように、日本は30年あまりにわたる構造改革の時代の膿が昨今の戦争・エネルギー危機で一気に噴出し、その矛盾が大きく出てきているのがまさに本書のターゲットの公益事業にほかなりません。本書で分析・提言された公益事業の再構築がしっかりと日本社会・世界経済に広がり、花を咲かせるように、執筆陣はじめこの分野に若い研究者たちの貢献を多いに期待しています。

西村 陽（公益事業学会関西部会長）

公益事業の自由化は既存事業者に加えて新規参入者にも大きなビジネスチャンスを提供した点で評価できますが、利用者のスイッチングを狙った戦略展開や需要密度の低い地方部からの撤退などが問題視されています。規制緩和後に顧客を囲い込むために、他の商品とのセット販売やWEBからの契約によるディスカウントなど、消費者を困惑させるような料金メニューが増えています。イノベーションを反映させながら将来世代にサービスを継続していくためには、DXやGXに基づく新たな投資をいかに進めるかが課題です。

消費者の選択肢拡大や競争促進による料金低下という政策目標は一時的に実現できましたが、現実にはCOVID-19やロシアのウクライナ侵攻により、サプライチェーンの崩壊や輸入燃料費の高騰という悪影響が社会全体にまん延し、インフラ産業は混迷した状況に陥っています。規制改革以降、PPPが重視されてきたものの、パンデミックへの危機対応や人口減少下においては公的関与の重要性が再認識されるべきです。地方創生の観点からは公益事業を再構築するために、どのように市民参画を促すのかも大きな論点になっています。

野村 宗訓（2015年7月－2017年7月公益事業学会関西部会長）

このたび公益事業学会関西部会の企画で『公益事業の再構築』を出版できますことをお慶び申し上げます。編者、著者をはじめ出版に関わられた皆さまのご尽力に敬意を表します。公益事業学会の関西部会はこれまでも非常に活発に活動を行ってきており、研究会や視察を頻繁に行っており、コロナ禍のなかでも積極的に実施してきました。今回の出版は関西部会の日頃の熱心な活動を反映するものであると思います。また、昨今、学会員の高齢化が懸念されていますが、今回の出版では著者として若手研究者を中心に選ばれていることで、若手の研究を推進する力になったのではないかと思います。さらには公益事業のように実社会での複雑な経済活動を研究するには、研究者と実務家の交流が望まれるところです。公益事業学会および関西部会ではこれまでも研究者と実務家の交流が積極的に行われていましたが、本書もそれを反映したものになっています。今回の出版はこうした公益事業学会とりわけ関西部会の特長を発揮しており、公益事業分野の研究と学会の発展に寄与するものと信じております。

柳川 隆（2017年8月－2021年8月公益事業学会関西部会長）

本書は、公益事業学会の若手研究者・実務者を中心に、これまで行ってきた研究成果を取りまとめたものです。本書では、公益事業の主要分野である水道事業、電気事業、鉄道事業、航空・空港事業、内航海運事業の産業に加え、地域におけるサステナビリティや公益事業の運営方式など、現在公益事業が直面する問題（人口減少、地球環境、COVID-19 やエネルギー危機など）と絡めて検討が加えられています。社会にとって有益な内容を提示した意欲的な著作ですので、本書の活用をお奨めします。

公益事業学会会長　水谷 文俊（2013 年 7 月 - 2015 年 6 月公益事業学会関西部会長）

執筆者略歴（執筆順）

爲近　英恵（ためちか・はなえ）――――――――（第１章）

名古屋市立大学大学院経済学研究科准教授

専門分野：環境経済学／応用計量経済学／応用一般均衡モデル

［主要著書・論文］

爲近英恵（2022）「カーボンプライシングとカーボンニュートラル 2050」『公益事業研究』第74巻第１号。

Tamechika, H. (2020) "Effects of Environment-related Stimulus Policies: An Event Study Approach," *Case Studies on Transport Policy*, Vol. 8, No. 3.

Ni, B., Tamechika, H., Otsuki, T. and Honda, K. (2019) "Does ISO14001 Raise Firms' Awareness of Environmental Protection?: The Case of Vietnam," *Environment and Development Economics*, Vol. 24, No.1.

田中　政旭（たなか・まさあき）――――――――（第２章）

阪神水道企業団総務部企画調整課

専門分野：水道事業

小川　康之（おがわ・やすゆき）

阪神水道企業団総務課主幹兼企画調整課主幹

専門分野：水道事業

仮谷　清典（かりや・きよのり）

阪神水道企業団総務部部長

専門分野：水道事業

浦上　拓也（うらかみ・たくや）――――――――（第２章コラム）

近畿大学経営学部教授

専門分野：公益事業論

［主要著書・論文］

Urakami, T., Saal. D. and Nieswand, M. (2021) "Industry Fragmentation and Wastewater Efficiency: A Case Study of Hyogo Prefecture in Japan," *ADBI Working Paper* 1218.

Arocena, P., Saal, D., Urakami, T. and Zschille, M. (2020) "Measuring and Decomposing Productivity Change in the Presence of Mergers," *European Journal of Operational Research*, Vol. 282, No. 1.

Urakami, T. and Parker, D. (2011) "The Effects of Consolidation amongst Japanese Water Utilities: A Hedonic Cost Function Analysis," *Urban Studies*, Vol. 48, No. 13.

桑原 鉄也（くわはら・てつや）――――――――――――（第3章）

中央電力株式会社

専門分野：電気事業政策・実務

［主要著書・論文］

桑原鉄也（2020）「市場・競争時代の公益事業：海外」公益事業学会編『公益事業の変容』第3章、関西学院大学出版会。

桑原鉄也（2008）『電力ビジネスの新潮流』エネルギーフォーラム。

Ida, T. and Kuwahara, T. (2004) "Regulatory Reform of Japan's Electric Power Industry: Econometrics of Scale-and-Scope and Yardstick Competition," *Asian Economic Journal*, Vol. 18, No. 4.

草薙 真一（くさなぎ・しんいち）――――――――――（第3章コラム）

兵庫県立大学副学長

専門分野：行政法／公益事業法／公益事業論

［主要著書・論文］

草薙真一（2022）「米国における電力先物取引（特集 米国エネルギー：州政府のアプローチ）」『海外投融資』第31巻5号。

草薙真一（2017）『米国エネルギー法の研究――経済規制と環境規制の法と政策』白桃書房。

野村宗訓・草薙真一（2017）『電力・ガス自由化の真実』エネルギーフォーラム。

北村 友宏（きたむら・ともひろ）――――――――――――（第4章）

同志社大学商学部助教

専門分野：交通経済学／産業組織論／応用計量経済学

［主要著書・論文］

Kitamura, T. (2020) "Long-run Impact of Track Improvements on Railroad Track Maintenance Cost: Empirical Analysis Using Distributed Lag Model,"『国際公共経済研究』No. 31.

北村友宏（2020）「日本における下水道事業のメタフロンティア分析」『国民経済雑誌』第222巻第4号。

Kitamura, T. (2018) "Effect of Passengers' Types on Railroad Efficiency: Distance Function Approach,"『国際公共経済研究』No. 29.

田中 智泰（たなか・ともやす）――――――――――（第4章コラム）

近畿大学経営学部教授

専門分野：公益事業論

［主要著書・論文］

Tanaka, T. (2023) "Economies of Scale and Consolidation Effects in the Japanese Sewerage Industry," Mizutani, F., Urakami, T. and Nakamura, E. (eds.) *Current Issues in Public Utilities and Public Policy*, Springer.

田中智泰（2021）「公共下水道事業における全要素生産性成長率の要因分析」『公益事業研究』第73巻第1号。

Mizutani, F., Tanaka, T., Nakayama, N. and Uranishi, S. (2020) "Structural Reform of the Electricity Industry and Economic Growth," *Journal of Economic Policy Reform*, Vol. 23, No. 2.

安達　晃史（あだち・こうじ）――――――――――――――――――――（第5章）

大阪産業大学経営学部准教授

専門分野：交通経済学／公益事業論／地域政策

[主要著書・論文]

Adachi, K. (2023) "The Impact of Airport Concession on Technical Efficiency: Evidence from Major Airports in Japan," Mizutani, F., Urakami, T. and Nakamura, E. (eds.) *Current Issues in Public Utilities and Public Policy*, Springer.

安達晃史（2021）「本邦 LCC の参入は空港の効率性を高めたのか？――包絡分析法を用いた効率性・生産性評価」『運輸政策研究』第 23 巻。

安達晃史（2019）「空港の効率性と非航空系収入比率の関係に関する考察」『交通学研究』第 62 号。

角田　侑史（つのだ・ゆうし）

神戸大学大学院経営学研究科准教授

専門分野：国際交通／交通経済学／産業組織論

[主要著書・論文]

Tsunoda, Y. (2023) "Airport Concession Revenue Sharing and Entry Deterrence," *Economics of Transportation*, Vol. 33, 100300.

Tsunoda, Y. and Zennyo, Y. (2021) "Platform Information Transparency and Effects on Third-party Suppliers and Offline Retailers," *Production and Operations Management*, Vol. 30, No. 11.

Tsunoda, Y. (2018) "Transportation Policy for High-speed Rail Competing with Airlines." *Transportation Research Part A: Policy and Practice*, Vol. 116.

横見　宗樹（よこみ・むねき）――――――――――――――――（第5章コラム）

近畿大学経営学部教授

専門分野：国際交通論

[主要著書・論文]

横見宗樹（2022）「アフターコロナにおける航空輸送市場の展望――航空輸送データに着眼した考察」『運輸と経済』第 82 巻第 9 号。

Yokomi, M., Wheat, P. and Mizutani, J. (2017) "The Impact of Low Cost Carriers on Non-aeronautical Revenues in Airport: An Empirical Study of UK Airports," *Journal of Air Transport Management*, Vol. 64, Part A.

髙橋望・横見宗樹（2016）『エアライン／エアポート・ビジネス入門〔第 2 版〕』法律文化社。

竹本　七海（たけもと・ななみ）――――――――――――――――――――（第6章）

関西大学大学院社会安全研究科博士課程後期課程

専門分野：海上安全学／事故防止論

[主要著書・論文]

竹本七海（2022）「内航海運の安全性の向上と運輸安全マネジメント制度」『海運経済研究』第 56 号。

竹本七海・安部誠治（2022）「主要国の内航海運政策の動向とわが国への示唆」『公益事業研究』第 73 巻第 2 号。

竹本七海・安部誠治（2021）「日本の内航海運」『社会安全学研究』第 11 巻。

安部　誠治（あべ・せいじ）――――――――――――（第６章コラム）

関西大学名誉教授

専門分野：交通政策論／事故防止論

［主要著書・論文］

松野敬子・安部誠治（2023）「欧州の遊び場のリスクマネジメント」『社会安全学研究』第 13 巻。

安部誠治（2021）「事故調査の意義と課題」『日本機械学会誌』第 124 巻第 1229 号。

Hatamura Y., Abe S., Fuchigami M. and Kasahara N. (2015) *The 2011 Fukushima Nuclear Power Plant Accident: How and Why It Happened*, Woodhead Publishing.

野村　実（のむら・みのる）――――――――――――（第７章）

大谷大学社会学部講師

専門分野：社会学／地域公共交通政策／モビリティ

［主要著書・論文］

野村実（2022）「地方部におけるモビリティ政策」『国際公共経済研究』第 33 号。

野村実（2021）「地方における多様なモビリティの模索」切通堅太郎・西藤真一・野村実・野村宗訓『モビリティと地方創生』第Ⅲ部、晃洋書房。

野村実（2019）『クルマ社会の地域公共交通』晃洋書房。

髙橋　愛典（たかはし・よしのり）――――――――――――（第７章コラム）

近畿大学経営学部教授

専門分野：地域交通論／ロジスティクス論

［主要著書・論文］

髙橋愛典（2021）「交通研究と商学・経営学・経済学」『同志社商学』第 73 巻第２号。

髙橋愛典・酒井裕規（2016）「公益事業論から見た買い物弱者問題」『公益事業研究』第 67 巻第２・３号。

髙橋愛典（2006）『地域交通政策の新展開』白桃書房。

原田　峻平（はらだ・しゅんぺい）――――――――――――（第８章）

名古屋市立大学データサイエンス学部講師

専門分野：公益事業論 / 交通経済学 / 産業組織論

［主要著書・論文］

Harada, S. (2021) "Yardstick Regulation in the Japanese Railway Industry," *International Journal of Transport Economics*, Vol. 48, No. 1.

Harada, S. and Yamauchi, H. (2018) "A Theoretical Study on Yardstick Competition and Franchise Bidding Based on a Dynamic Model," *Transport Policy*, Vol. 62.

原田峻平（2016）『競争促進のためのインセンティブ設計――ヤードスティック規制と入札制度の理論と実証』勁草書房。

山内　弘隆（やまうち・ひろたか）――――――――――――――（第８章コラム）

武蔵野大学経営学部特任教授、一橋大学名誉教授

専門分野：公共経済学／公益事業論／交通経済学

［主要著書・論文］

山内弘隆編著（2014）『運輸・交通インフラと民力活用 ―― PPP/PFI のファイナンスとガバナンス』慶應義塾大学出版会。

山内弘隆共編著（2012）『公共の経済・経営学 ――市場と組織からのアプローチ』慶應義塾大学出版会。

山内弘隆共編著（2010）『交通市場と社会資本の経済学』有斐閣。

K.G. りぶれっと No. 57

公益事業の再構築

2023 年 7 月 31 日 初版第一刷発行

編　者　公益事業学会関西若手研究会

発行者　田村和彦
発行所　関西学院大学出版会
所在地　〒 662-0891
　　　　兵庫県西宮市上ケ原一番町 1-155
電　話　0798-53-7002

印　刷　協和印刷株式会社

©2023 JSPU Kansai Young Researchers Association
Printed in Japan by Kwansei Gakuin University Press
ISBN 978-4-86283-362-4
乱丁・落丁本はお取り替えいたします。
本書の全部または一部を無断で複写・複製することを禁じます。

関西学院大学出版会「K・G・りぶれっと」発刊のことば

大学はいうまでもなく、時代の申し子である。

その意味で、大学が生き生きとした活力をいつももっていてほしいというのは、大学を構成するもの達だけではなく、広く一般社会の願いである。

研究、対話の成果である大学内の知的活動を広く社会に評価の場を求める行為が、社会へのさまざまなメッセージとなり、大学の活力のおおきな源泉になりうると信じている。

遅まきながら関西学院大学出版会を立ち上げたのもその一助になりたいためである。

ここに、広く学院内外に執筆者を求め、講義、ゼミ、実習その他授業全般に関する補助教材、あるいは現代社会の諸問題を新たな切り口から解剖した論評などを、できるだけ平易に、かつさまざまな形式によって提供する場を設けることにした。

一冊、四万字を目安として発信されたものが、読み手を通して〈教え―学ぶ〉活動を活性化させ、社会の問題提起となり、時に読み手から発信者への反応を受けて、書き手が応答するなど、「知」の活性化の場となることを期待している。

多くの方々が相互行為としての「大学」をめざして、この場に参加されることを願っている。

二〇〇〇年　四月